声優をプロデュース。

納谷僚介

星海社

128

SEIKAISHA SHINSHO

まえがき

僕には夢があります。
たぶん、一生叶わない夢。
それは「後悔をなくす」ことです。
僕が仕事をしている声優業界には、たくさんの声優志望者が入ってきます。
そして業界を去っていきます。

この数を減らすことはできません。
なぜなら、声優業界は椅子取りゲーム、生き残れる人の数は決まっているからです。

声優志望者には、ふたつのタイプがあります。
何だと思いますか？

「成功する人」と「失敗する人」？
たしかに、それはそれで正解です。

でも、成功ってなんでしょう？
多くの作品に出て、数々の素敵な役を演じている人は成功しているのでしょうか。逆に、一本の作品にも出ておらず、誰にも知られていない人は失敗したのでしょうか。

断言しますが、数多くの作品や役に恵まれても、満たされていない人もいます。そして、たとえ誰にも知られていなくとも、満足している人もいます。

だから僕はこう考えているんです。声優志望者、ひいては声優業界には「後悔する人」と「後悔しない人」がいる。

僕は、この「後悔する人」をなくしたい。
無理なのは百も承知ですが、実現させたいのです。
では、後悔するかしないかの差は、どこから生じるのでしょうか。

ある（元）声優の話

ある声優がいました。
僕がマネージャーとして彼と出会ったのは、彼が声優業界に入って七年目を迎えるころ。出会った直後に、彼は僕に「声優として売れたいです」と言ったんです。

僕はそれに対して「一緒にがんばろう」と応えました。

約三年間、必死の毎日を送りました。

ボイスサンプルを持っていろんな人に挨拶をしてまわり、大量のオーディションを受けさせ、熱心なファンを増やそうとイベントを開催し、ラジオ番組を作り……一緒に泣いて、笑って、時にはケンカもしました。それくらい、お互いに本気でした。

でも、残念ながら彼は、彼や僕が願っていたほどには売れませんでした。

そして出会ってから三年、彼が声優の道を志してから二〇年の歳月が経った年のある日、彼が僕のところに来て言ったんです。

「声優、辞めることにしました」

……返す言葉がありませんでした。

「わかった。ごめんね」と、短く発するのが精一杯でした。

それに対する彼の返事が、今も忘れられません。

「やれることはぜんぶやりましたから。ありがとうございました」

……こみ上げてきたのは、何とも表現しがたい気持ちでした。

僕にもっと力があれば、彼は売れたかもしれない。

もっと他のやり方をしたら、結果は違ったかもしれない。
悔しい。とても悔しい。
でも一方で、やれることはやったという満足感もあったんです。
不思議な感覚でした。

ただ悲しいだけの気持ちで終わらなかったのは、きっと……彼が後悔していなかったからです。

それからです。
僕の目標が「後悔する人」をなくす……声優に後悔をさせないというものになったのは。

手がけた声優が成功すればもちろん最高です。

ですが、そうなれなかったとしても、世間的には失敗したと見えたとしても、その声優が「やりきれた」と言えるだけのことをやらせてあげたい。

そういってもらえるように、声優に仕事の舞台を用意し続ける。

それが僕のやりたいことです。

マネージャーの生き方

声優にやりきらせるために、大事なもの。

大切なパートナー。それがマネージャーです。

マネージャーも実は入れ替わりの激しい世界です。一〇年以上やっている僕は、もうベテランの部類に入っています。うちの事務所（マウスプロモーション）だけではなく、多くの声優事務所で、マネージャーは一～三年くらいのキャリアの方が多いんです。

若い感性で頑張っている方もたくさんいて、そんな人たちに先輩風を吹かせる気はないです。

でも、どうしていいかわからない、自分のしていることが正解かどうか不安で仕方ない。

もしくは、そんなことを考えたこともなく、漫然と日々の業務に流されてしまっている……そんな人もたくさんいると思います。かっては僕もそうでした。

この本がそんな人たちのヒントにちょっとだけなって、後悔する声優を一人でも減らせればいいと考えています。

よく「なんでマネージャーをやっているんですか？」と質問されます。

たしかにマネージャーというのは、何が面白いのか、何がやりがいなのかがわかりにくい仕事でしょう。

声優のマネージャーのあいだで格言的に使われている言葉で、「仕事があるのは役者のおかげ、仕事がないのはマネージャーのせい」というものがあります。

ある仕事が成功しても、賞賛を浴びるのは声優で、マネージャーの仕事が評価されることは滅多にありません。逆に失敗したときはマネージャーの責任です。

想像してみてください。結構、厳しいですよね。

でも僕は質問にこう答えます。「楽しいからです」と。

あきらかにつらくて大変なのに、僕はそれを楽しいと感じている。マゾヒストではありませんよ。少なくとも、痛いのは嫌いです。でも、やっぱりこのつらさは楽しくて、僕は今、幸せなんです。それはなぜか？

声優のマネージャーとしてのヒントにくわえて、そんな幸せに生きるための考え方も伝えられたらと思っています。

「声優をプロデュースする」

かれこれ一三年、僕はそんな仕事を続けています。

それは、つらくてかなしくてしんどくて……ほんの少し楽しいお仕事。

そこから得たいろいろな知恵を、気持ちを、本書に詰め込みました。
最後のページまでお付き合いいただければ幸いです。

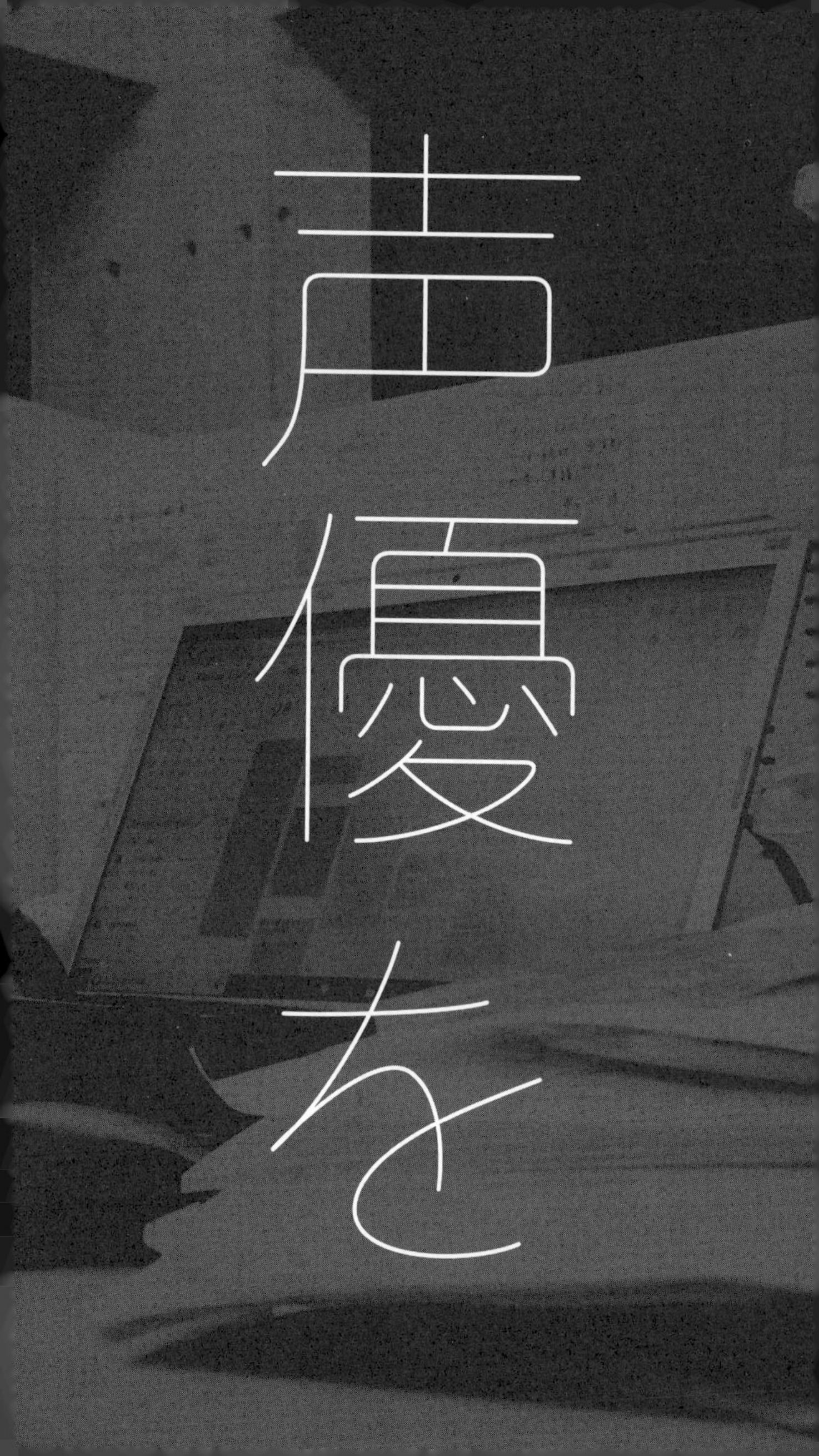
声優を

プロデュース。

目次

第1章

「声優」ってなんですか？

1.「声優」ってどんな人？

本書は「声優をプロデュースするとはどういうことか？」というテーマの本です。となると、まずそもそも「声優ってどんな人？」ということがわからないと話にならないですよね。

この本の読者は、おそらく「声優に興味がある」もしくは「声優になりたい」という人が大半で、自分は声優について詳しいと思っている人も多いでしょう。でも、本当にそうでしょうか？　よくわかっていないこと、勘違いしていることも多いと思いますよ。

というわけで、まずは「声優」について、僕の知っていることを書いていきましょう。

職業としての「声優」

公共交通機関の車内や駅で毎日耳にするアナウンス。誰の声なのでしょうか。言われてみると、気になりませんか？

デパート、スーパーなどのアナウンスはどうでしょうか。遊園地などで開催されるイベントのものはどうでしょう？

少し変わったところでは、就職活動を経験された人、もしくはなんらかの会社で研修を受けた人は、「企業ＶＰ（ビデオパッケージ）」と呼ばれる、各企業が「うちの会社はこういう活動をしています」と宣伝したい内容をまとめたＶＴＲをご覧になったことがあると思います。映像に被さっている音声は、誰が入れているのでしょうか？

実はこのどれもが、声優の仕事なのです。

職業としての「声優」とは、「テレビアニメや外画（洋画）の声を吹き込む」……いわゆる「吹替」が基本的なお仕事の人、という説明になります。最近だと映像作品だけではなく、ゲームのお仕事も増えているのは、きっとご存じですよね。

でもそれだけではないんです。街中で流れている大概の日本語音声は、声優がしゃべっているものだといっても過言ではないです。

厳密にいうと、それらの中にはアナウンサーが手がけているものもあるのですが、ともあれ、声優の仕事が及ぶ範疇《はんちゅう》を考える上では、声を扱う仕事の大半は声優が手がける可能性があると考えて間違いではありません。

さらにいうと昨今は、その良し悪しはひとまずこの場では措《お》くとして、いわゆるアイドル的な仕事もあります。歌を歌ったり、ラジオでしゃべったりする仕事のことです。

もともと、声優は自分の名前を表に出す仕事ではありませんでした。「このナレーションは声優の○○さんが担当しています」というような情報は、本来、聴く人が気にするようなものではなかったんです。アニメのキャラクターであっても、あくまでそのキャラクターがしゃべっているのであって、裏で誰かが演じていることは見せるべきではないと考えられていました。今でもそう考えている業界人もいます。でも事実として、今は自分自身のパーソナリティを前に出すような形でトークをするラジオ番組から始まり、歌や人前でのイベントといった業務にまで仕事の領域が広がっている。

「声優のお仕事」の内容は、大枠ではそういうものだと捉えてください。

では、そのような業務を日々行っている声優とは、どんな人たちなのでしょうか。

次の項ではそんな疑問にお答えしましょう。

人間としての「声優」

とはいったものの、ひとくちに「声優」といっても、いろんな人がいます。その上で、「声優」という職業に就いている人の特徴をあえて一般化すると、一言でいえば「変わった人」ですね。この部分だけを切りとられると批判しているように受け止められるかもしれませんが、もちろんそんなつもりはありませんよ。

普通の人の感覚で言うと「録音された自分の声を聞いてもらう」というのは恥ずかしいことですよね。多分、読んでいる人の大半は同意してくださるのではないでしょうか。たとえば小学校のころ、学芸会の様子を撮影したビデオを観て、自分の声を恥ずかしく感じた経験がある人は多いと思います。国語の授業で教科書をみんなの前で読まされた経験も、おそらく読者の九割以上の人にとって楽しい思い出ではないでしょう。

演じることを仕事にするとは、職業として日常的にそれに類する行為を平気でやっているということです。アニメや外画の吹替に限らず、舞台や映画、ドラマに出演することも同じです。それ以外にも、タレントやアイドル、芸人といったテレビに出るような職業の人はみな、そうでしょう。でもその中でも、特に「声」という一部分だけを世の中に出して大丈夫な感覚は、十何年も声優と付き合っている僕でも、実感としてよくわからないものです。声優に独特の感覚で、他の何かにはたとえ難いものだなと思います。

趣味か何かとしてたまたま一回か二回やるだけならまだしも、声だけを人に聴かせることを生業《なりわい》にしようという人たち。それが声優です。だから文字通り、「変な人だ」という意味で「変わった人」。そしてもうひとつ、やはりどこか、すごい才能の持ち主だという意味での「変わった人」でもあるというのが、僕の考えです。

いびつな才能

声優の「すごい才能」とは、誤解を恐れずに言い換えれば「ニッチな感覚」というか、「いびつな才能」だとも言えます。声優は誰もが、どこか特殊な技能の持ち主なんです。

大野《おおの》柚布子《ゆうこ》という声優がいます。僕の会社であるスタジオマウスの系列会社、マウスプロモーションという声優事務所に所属している若手声優です（以前、僕はこのマウスプロモーションの社長としてマネジメント業務を担当し

東新宿にあるマウスプロモーション本社ビル。

ていました。以下、本書に名前の登場する声優は基本、マウスプロモーション所属です。そうでない方のみ、所属事務所名を初出時に明記します）。二〇一七年に『天使の３Ｐ《スリーピース》！』『このはな綺譚』という二本の作品で主演させていただいて、少しずつ名前が知られるようになり始めています。

先日この子が、あるオーディションを受ける前、僕のところに「この役はどうやればいいか、アドバイスをください」と言ってきたんです。これ自体はよくある話なんですが、それに対してアドバイスをしたら、「あ！　わかりました！　クリーム色ですね。もうちょっと赤っぽい感じだと思っていたんですけど」と言われたんです。僕からすると、何を言っているのかわからない。でも演技はアドバイスの前と後で変わっていて、ちゃんと台本から求められているイメージにハマるようになっているんですよ。

彼女には色で声のイメージが見えるということなんでしょうね。

ほかにも、作品のイメージを匂いで感じるという人にも会ったことがあります。僕らのようにそんな特殊な才能のない人間からすると、「おっとりとしている」「格好いい」といったような言葉を積み上げることで、そのキャラクターのイメージを表現するしかないわけですが、そうではない形で、その人なりに役のイメージを摑《つか》むための何かがある声優には、ときどき出会いますね。

僕は「音響監督」と呼ばれる、アニメやボイスドラマの音響面を取り仕切る仕事もやります。音響監督の仕事には、音声の収録時に声優の演技に対して指示を出す業務も含まれているのですが、その仕事をするためには当然、収録前に台本を何時間もかけて読み込み、さらには映像をチェックしたり、原作を読んだり、ほかにもさまざまな準備を重ねて作品の内容を掴まなければなりません。

でも声優の中には、台本を渡されてから一回か二回くらい目を通すと、それでもうある程度のところまで、求められている演技に自分の演技を寄せられる人がいるんです。いろいろな作品に出演してきて、音声収録の作業に慣れているからこそできることなのかもしれませんが、それにしても勘のよさに驚かされます。

そこまで極端な例ではなくても、文章を読み解く力、物語を捉える能力のすごさは声優には共通しています。ド新人からベテランまでそうですね。理屈じゃないところで文章を捉えられる感覚がある。だからときどき、とてもいい演技をしているのに、裏に

スタジオマウスとマウスプロモーションは同じビル内。

あるものを突き詰めて尋ねてみると案外わかっていないときがあるんです。理屈を積み重ねて答えに辿り着いているのではなく、役になりきっている。だから質問してみても、「だってこの子だから、こういう反応をするじゃないですか」みたいな、感覚的な答えしか返ってこない。どうして今、セリフをそういう風に読んだのか、理屈を付けられないタイプの人はかなりのベテランでもいます。

第一線で活躍している声優に共通する資質としては、音に対する感覚が鋭いことも挙げられます。もう少し具体的に言うと「すべての音を自分のものにする感覚が鋭い」とでもいいますか。だから声優には、モノマネが上手い人が多いんですよね。モノマネといっても、別に専門の芸として披露するようなものではないです。学校で担任の先生のモノマネが妙に上手いクラスメイトがいたことはありませんか？　あれに近いですが、もっとクオリティの高いものを想像してください。自分がよく接する人のしゃべり方や、しゃべる内容といった特徴を摑んで、その通りに音を再現する能力が声優は総じて高いんです。

悔しいくらい、声優と僕たちでは音に対する感覚は違います。

その代わり……といってはなんですが、そういう人たちにはちょっと社会生活からズレているところがあります。天才はどこかが抜けている、などとよくいいますよね。声優も同じで、普通の人とは感覚がズレていることが多い印象があるんです。ズレかたは人それぞれですけれども。

たとえば、五十嵐裕美《いがらしひろみ》という声優がいます（代表作『アイドルマスター シンデレラガールズ』双葉杏《ふたばあんず》役など）。彼女はマウスプロモーションの所属になって二年目ぐらいまでは、新幹線にひとりで乗れなかったんです。もちろん、年齢的には立派な大人です。「みどりの窓口で新幹線のチケットが買えません」くらいならわからなくはないんですけど、チケットから何から全部こちらで用意して、あとは自動改札機を通って、チケットに書いてある番号の座席に座ればいいだけ……という状態にしてもダメでした。

これは珍しいパターンで、よく出会うのは数字が苦手なタイプですね。このタイプは、税金関係のことがひとりではできない人が多いです。声優は毎年、確定申告をしなければならないんですが、そのために何を用意しなければならないかがわからない。そもそも確定申告が必要であることを知らない。こうしたことをきちんと指導し、必要であれば税理士を紹介するところまでやるのは、声優事務所の大事な業務のひとつです。

社会人としてすごくちゃんとした人も中にはいるんですけど、もっとすさまじい、本当にお芝居以外のことは何もしない人もいます。たとえば大塚明夫《おおつかあきお》（代表作に『GHOST IN THE SHELL／攻殻機動隊』バトー、『METAL GEAR SOLID』ソリッド・スネーク役など）です（笑）。詳しくは著書『声優魂』を読んでみてください。ともあれそんな、放っておくと生きていけないような人が正直、声優には多いです。声の才能、お芝居をするという才能に関しては一〇〇点……もしかしたらさらに上、一五〇点、二〇〇点なのかもしれないですけど、普通の人が普通に持っているような能力を持っていない人が多いように感じます。

そこをサポートする、埋めるために、声優のマネージャーという仕事は必要になるわけです。マネージャーが声優の足りないところを埋めると、一足す一が二以上になるんですよね。

五十嵐裕美。

2.「声優」って「仕事」ですか？「職業」ですか？

ここまでの文章でも使ってきた言葉ですが、「声優」というのはよくよく考えると変な言葉です。もっといってしまえば、嫌な言葉だとすら思います。

あらためて考えてみてください。「声優」という言葉が指しているのは、仕事ですか？職業ですか？

僕はそのどちらでもあると思います。ずるい答えですね、すみません。

仕事としての「声優」とは、前の項でも書いたように、あるアニメのキャラクターや外画などに出演している生身の役者に声を吹き込む作業のことです。これはわかりやすい。たとえば、普段はドラマや映画に出演しているような役者が、ある作品に声の演技で参加したら、それは仕事としての「声優」をやったことになるわけです。

しかし、職業としての「声優」はどうでしょう。「どんなご職業なんですか？」と尋ねられたときに、「私の職業は声優です」と答える人とは、どんな人なんでしょうか。イメージが湧きますか?

言葉の定義をとやかく言う気はあまりないのですが、それでも、いろいろな人に向かって「声優」について話す機会も多い僕は、ここがどうしてもひっかかるんです。特に声優になることを目指している人と話すときには、とても気になる。声をあてる仕事がやってみたいという意味なのか、「声優」という職業に就きたいのか、考えが整理されていない人が多いんです。

というわけで、ここからは職業としての「声優」について、あらためて僕なりの考えを述べ、整理していきます。職業として考えたとき、声優がやらなければいけないことは何か。そして、マネージャーは職業としての声優に対して、どのように向き合い、どのような形で仕事をしていかなければならないのか。

声にはメンタルが直結する

まず、仕事を職業にするとはどういうことか。それは、やりたくない作業もやらなければならないということです。

僕もデスクワークや経理の作業は嫌いで、ぶっちゃけ、やりたくないです。でも職業に付随するものだから、やります。これは社会人なら、職業に就いている人なら誰もが持っている感覚……というか常識です。でも声優には、こうした感覚が薄い人が多い。「こんなことはやりたくない」みたいな気持ちが、いきなり前面に出てくることがあります。

つまり、声優志望者に限らず、プロの声優として活動している人でも、「声優」という職業に対する意識がはっきりとしていない人がいるということです。

もちろん、プロの声優であっても、「声をあてる仕事が好き」という気持ちが仕事の根幹にはあります。その上でプロになったからには、声優という職業に就いたという意識も持つようになるべきなんです。でも、そうした意識が持てていない人は割といます。

これだけのことなら、どんな仕事に就いた人にもあることかもしれません。しかし、声優の場合は大きな問題があります。「やりたくない」という気持ちが声に直接影響してしまうんです。だからメンタルの調子が下がると、やりたかったはずの仕事のクオリティも落ちてくる。

声優のマネジメントの難しいところはここです。

つまらない仕事でも、やらないとしょうがない局面はどうしてもある。誤解がないように言えば、つまらないかもしれないけれど、まっとうな仕事です。こちらが一方的に不利益を被《こうむ》るような、法に背《そむ》いているような、理不尽な要求ではありません。常識的に断る理由なんかない依頼を想定してください。そういうとき、社会人なら本来は断ってはいけないですよね。でも声優の場合は、断る理由がないものであっても、マネージャーが断らなければいけないときがある。無理に請けて、今、この人の仕事に対するモチベーションを落とすことは、今後を考えた場合によいことではない。そんなタイミングがあるんです。

しかし逆のケースもあります。スケジュールやギャランティーといった条件面が厳しいとか、それ以外の点で声優のモチベーションを一時的に落とすようなものであっても、その人のキャリア形成を考えたときになんとしてもやらせなければいけないタイミングもあります。

マネージャーの仕事は、バランスを取りながらの判断の繰り返しです。

扱っているのは人間

声優という職業に就いているにもかかわらず、そのことを十分にとらえられていない、可能であればやりたい仕事だけをしたくて、気の向かない仕事では本領が発揮できない人もいます。判断と調整を繰り返し、そうしたひとりでは社会と嚙み合わないような人を、上手く社会と嚙ませる。それが声優をマネジメントするということです。

ですから、正直なところ、声優のマネージャーという仕事をしていると、理不尽なことはたくさんあります。でもしょうがないですよね。扱っているのが人間ですから。

この「扱っているのが人間」というのは、僕の会社の同僚や、同業他社の人がしょっちゅう使う言葉です。

どういうことか。たとえば缶詰を売るのであれば、別に今日売ろうが明日売ろうが、もっと極論をいえば、一年後に売ろうが一緒です。消費期限さえ破らなければ問題ない。逆に生鮮食品だとかお酒だとか、時間が経つことで悪くなったり良くなったりするものであれば、その価値が最も高くなるタイミングを見計らって売ればいい。

でも人は、今日と明日でも違う。一年後なんてまるっきり違う。そして、時間が経つことで良くなるか悪くなるかは誰にもわからない。予測も立てられない。声優は誰でも感受性が強いので、僕らからするとどうということのないような出来事でも急にテンションが上がったり下がったりする人が多いんです。そうした予測の立たない人を扱う難しさは、マネージャーという仕事に付きものです。

こういう話をすると「人間だもの、体調を崩したり、声が出なかったり、いろいろとありますよね」と言われるんですけど、違います！　そういう話ではありません。何かちょっとした病気になるくらいのことだったら、普通の仕事と同じです。

声優は、アウトプットがごく些細《ささい》な感情の違いに左右されるんです。さきほどモチベーションのことに触れましたが、それだけではありません。さまざまな気持ちの揺れによって声が変化します。これほど繊細な職業はないと僕は思います。

工場で仕事をしている人の一日の作業の成果が、テンションに引っ張られることはないでしょう。他の仕事でも、微細な違いはあるかもしれませんが、メンタルや体調で仕事の成果に、そこまで直接の影響は出ない。プロであれば誤差の範囲に収められるのではないでしょうか。

でも声というアウトプットは、プロであってもそうはいかないんです。

同じクリエイティブな職業でも、たとえば文章を書く仕事であれば、思考を文字に一度変換することで客観視ができる。そうすることで多少はクオリティの担保ができるのかもしれません。しかし声は、内側からそのまま出てしまう。フィルターが掛けられない。

映像作品ならまだマシです。ビジュアルの要素で、声の微細な変化はカバーしてもらえるところがあります。でもドラマCDやラジオ番組のような声だけでお客さんに評価される仕事だと、声のささいな違いもとても目立ちます。ある程度は役になりきり、演じることでなんとか誤魔化しますけど、そうした仕事のときにテンションが下がっていたら、裏ではマネージャーは大変なことになっています。「大丈夫！　やれるから！」とずっと励まして、気持ちを盛り上げ続けることも珍しくないです。

　最近だと多いのはイベント関係ですね。ライブで、前日のリハーサルまで元気に、楽しそうにやっていて、「明日は絶対にがんばります!!」と言っていた声優が突然、当日を迎えてお客さんを前にしたら「私、ダメだと思います……」なんて言い出して、楽屋で泣き出す。泣くぐらいならまだかわいいものです。本当に体の具合が悪くなる人もいます。

　高田《たかだ》憂希《ゆうき》という声優がいます（代表作に『Tokyo 7th シスターズ』天堂寺《てんどうじ》ムスビ役、『NEW GAME!』涼風《すずかぜ》青葉《あおば》役など）。おかげさまで最近、仕事の場が順調に増えてきている子です。そうしてできたファンのみなさんのあいだでのパブリック・イメージは「明るく元気で物《もの》怖《お》じしない」みたいな感じだと思います。でもどちらかというと本質的には気の小さい、割とイベントなどで人前に出る際には緊張するタイプなんです。高田が新人だったころは、ステージに立つ寸前まで、ずっと緊張を解こうと努力していました。本当にステージに上がる寸前までそうしないと、震えが止まらないんです。ステージを降りてからも「大丈夫だから」と何度も繰り返し言い聞かせないと落ち着かない。今ではステージ慣れして、イベントも立派にやっていますが、最初のうちはそれくらい配慮が必要だった子もいます。

イベント出演は声優の仕事か

ところで、今の例を読んで「イベント出演なんて声優の仕事じゃない！」と思った人もいるでしょうね。

いい機会なので、その点についての僕の考えをここで書いておこうと思います。

もともとはマウスプロモーションもそういう会社でした。一三年前までは。

一三年前……つまり、僕が入社する前のマウスプロモーションは、外画の吹替がメインの声優事務所だったんです。アニメの仕事をしている声優は限られていて、業界的にも、「外画がメイン、でもアニメもときどきやる声優事務所」といった目で見られていました。

入社直後、このままだと会社の経営がキツイと僕は判断しました。外画が全体的にビジネスとして少し落ち込んできていましたし、生臭い話になりますが、そもそもの話として、アニメの仕事のほうが金銭面での実入りがよかった。くわえてそのころから、アニメの仕事がやりたいという若い声優が所属することが増えていたんです。しかし、やりたいからといって、いきなり「はい、そうですか」と仕事が湧いて出るわけじゃない。ただでさえ、アニメをやるイメージが薄い事務所なわけですから……。

そんな事情もあって、アニメの仕事を取るために僕が最初に取った手段が、イベントの仕事を増やすことでした。

当時、ニコニコ生放送の番組を始め、声優が声だけではなく、顔を出してやるようなゲームやアニメ関連の仕事がちょろちょろ出始めたころだったんです。その前だと、それこそ林原《はやしばら》めぐみさん（アーツビジョン所属を経て、現在はフリー。代表作に『新世紀エヴァンゲリオン』綾波《あやなみ》レイ役、『ポケットモンスター』ムサシ役など）や椎名《しいな》へきるさん（アーツビジョン所属。代表作に『魔法騎士レイアース』獅堂光役、『ガールズ&パンツァー』蝶野亜美役など）のような、ごく一部の人気声優がステージに立つことはあったとしても、まだそれほどファンの付いていないような声優が配信番組をやるとか、どこかの会場でトークやライブのイベントをすることがそこまで多くはなかった。

機会がなかったというだけではなく、声優の側にも、そうした仕事を積極的にやる人は少なかったんですね。「自分たちは声の仕事をする職業なんだ」という意識が、当時の声優には全体的に強かったんです。でも僕がBlu-rayやＤＶＤ、ＣＤといったパッケージを販売するメーカーの担当者さんと話をしていると、販促番組やイベントをやりたい人が多かったんです。少しでも宣伝になるような仕掛けを打たないと、作品の売れ行きがどんどん苦しくなっていた時代でしたからね。

それなら、うちの声優は顔出しの仕事でもなんでもやりますよ……という話をしたんです。そこから「マウスプロモーションだったら宣伝に協力してくれる」という、業界的な評価が生まれました。

これも誤解されたくないことですが、うちの事務所に所属している声優たちは演技の実力はあるんです。でも声優の世界は厳しいですから、同じくらいの実力がある声優は山ほどいます。オーディションで同率一位で競っている、甲乙つけ難い声優の中から、誰を選ぶのか。ある作品のキャストを決めるにあたって、言葉を選ばずにいえば、もはや声や演技の質で比べるのであれば誰を選んでも違いはほとんどないという局面は、実は珍しくないです。イベントなどで宣伝に協力できるかどうかは、その局面を迎えたときの後押しです。あくまで。

声優が何よりも演技をしたい人たちであることは、マネジメントする事務所もわかっています。そのためであれば、遠回りであってもニコ生に出演したり、パッケージの映像特典のためにロケに行ったり、演じることとは関係のない仕事もする。マウスプロモーションが声以外の仕事にも積極的だったのは、あくまでそういう話だったんです。

だから僕の中では、アニメの仕事をあまり取ってこられない事務所が、アニメ業界に食い込んでいくために必要な手段として、ニコ生やイベントに出演するというのは理屈として何もおかしいものではなかった。

でもやっぱり、そうした理屈に納得しない人はいました。頭ではわかっても、やはり演じることのみを仕事とするのが声優の正しい姿であるという人はいて、その考え方は今でも間違いではありません。さらに問題を難しくしたのは、これがあくまで事務所全体のイメージ戦略だった点です。どういうことかというと、ニコ生に出演してがんばったのはAさん、でもそれによってマウスプロモーションの評価が上がった結果として、アニメで役を手に入れられたのはBさんというケースがしばしばあったんです。Aさんのイベント仕事での評価が、声の仕事に直結しなかった。そうすると、Aさんも大人ですから怒りはしないですけど、仕事のテンションは下がるわけです。人間ですからね。

そうやってアニメ仕事を開拓していた当時、僕がいちばん喧嘩した声優は五十嵐裕美（32ページ）です。

今では立派な声優ですが、当時まだ彼女は出始めの、養成所に所属したかどうかくらいの時期でした。だから僕が事務所としての戦略を練っていたときに、彼女に目をつけたんです。

ルックスが良かったし、若かったし、おしゃべりはそこまで上手くなかったけど、アニメがもともと好きで、アニメの仕事がやりたいと言っていましたから。「俺と悪魔の契約を結ぶか？　黙って俺の持ってきた仕事をやるか？」と言って、今にして思えばほぼ騙したようなものでした。別に趣味でもなんでもないし、それまで経験したこともないのに、仕事でスカイダイビングまでやってますからね、彼女は。「どうしてこんなことしなきゃいけないんですか!?」と、散々喧嘩しました。

『パパのいうことを聞きなさい！』で小鳥遊《たかなし》ひな役に決まるまでは、毎日……とまでは言いませんが、それに近い勢いで言い争ったと思います。よく辞めなかったですよ。

機会があるごとにいろいろなところで話していることですが、僕が入社して以降にマウスプロモーションに入った声優にMVPをあげるなら、絶対に五十嵐です。五十嵐がいなかったら、マウスプロモーションは今のようなアニメと外画の仕事がほぼ五分五分で、アニメの中でも大きな役を任せてもらえるような事務所になっていませんでした。その下地を作ったのは、確実に五十嵐の力だと僕は思っています。

加隈亜衣《かくまあい》（代表作に『selector infected WIXOSS』小湊るう子役、『妹さえいればいい。』白川京役など）以降の、五十嵐より下の代にあたる所属声優たちは、五十嵐がきちんと仕事の筋道を見せているから仕事への取り組み方が違うんですよ。

僕からいろいろな仕事を振られたとしても、最後には自分のやりたいこと、演じることに帰ってくることができる。そんな職業としての声優の在り方を、五十嵐という成功例から学んでいる。

その点、僕の言うことを聞いてもどうなるかわからないような状況で、五十嵐はよくやってくれたと思います

声優のマネージャーという仕事の辛いところは、どんなに完璧な売り出し方のプランを考えようが、どんなに営業スキルが優秀だろうが、そのやり方にマッチした声優というカ

ードを持てないと戦いようがないんです。逆にいえば、たまたま強力なカードを持ったマネージャーは何もしないでも戦える。

あのとき、五十嵐裕美というカードを引けていなかったら、僕は戦えませんでした。

3.「職業」声優のやっかいなところ

サラリーマンはよほど無能でなければ、年を食えば大体偉くなります。声優はどうでしょうか。

答えは……偉くなれません。

サラリーマンは偉くなれば人を使えたり、自分で自分の仕事をある程度コントロール出来るようになります。声優にはそれがない。どんな大御所になろうが、結局、誰かが仕事を作ってくれなければ仕事ができない商売なんです。つまり、一生誰かに頭を下げ続けないといけない。

嫌な言い方をすれば、声優はどんな大御所だろうが人気者だろうが、業界全体がその気になったら消すことだって出来るんです。全員が使わなければいいだけですから。そうしたら、ものの三か月でその声優は、業界からいなくなると思います。そんなに極端な例はこれまで見たことがないですし、別に「だから言うことを聞け」と脅かしたいわけでも、事務所の権威のようなものを示したいわけでもありません。誤解のないようにお願いします。ですが、どんな声優もマネージャーも、いつ仕事が途絶えてもおかしくないという恐怖感を一生抱え続ける必要はあります。

この項ではそんな、職業として声優を考えたときの「やっかいさ」について書いていきましょう。

声優の「上手い」に基準はない

自分で絵が描けるわけでも、物語が書けるわけでもない。声優は、誰かが物語を書いてくれて、絵を描いてくれて、それを演じてくださいと言ってもらわないとできない仕事です。そこからは本質的に脱却できません。

この話をさらに難しくするのが、声優の承認欲求の問題です。

人間は誰しも他人に認められたい気持ちがあると思いますが、声優のように自分を前に出すことを仕事として選んだ人は、その気持ちが特に強いです。誤解を恐れずにいえば、目立ちたがり屋なところがあります。むしろ、そうした部分がなければ声優は続けられないでしょう。

でも声優の仕事には点数がつかないんです。この声優は八〇点、この声優は七〇点……みたいな評価をプロから聞いたことはないでしょう？　当たり前で、そんなのつけようがないんです。

「声優の能力を測る指標はありますか？」という質問を試しにしてみると、世間の多くの人が「演技力」と答えます。でも、僕は十何年この業界にいますけど、「演技力」というのは声優に関する言葉の中で最も意味のわからないものです。

たとえば、あくまで「僕は」ですが、自分が関わらせていただいた声優の中で、沢城《さわしろ》みゆき（代表作に『ルパン三世』峰不二子役、『ゲゲゲの鬼太郎（第六作）』鬼太郎役など。二〇一五年にマウスプロモーションから青二プロダクションに移籍）の演技力はトップクラス、本当に上手い人だと思っています。これに対して疑義を呈されても、それは議論のしようがない。僕の基準ではそうなんですから。

でも逆に、そうではないと考える人がいても、僕は反論できません。驚く人も多いでしょうが、実際に仕事の場面でこうしたやりとりは何度もありました。では、疑問を持った人はおかしいのか？　違うと思います。単純にその人が求めている「上手い」の感覚が、僕の基準とは違ったんです。演技力というのは、その程度の指標でしかないんです。だから多くの人が簡単に「あの声優は演技力がある」と言うけれど、それは突き詰めると、たまたま与えられた仕事にOK／NGを出す権利を持った人の感覚とその声優の感覚が近かったというだけのことです。もしくは声優側が、相手の判断基準を読み解いて、自分の演技を合わせる技術が高かったのかもしれません。

いずれにせよ、ただそれだけの話であって、なんらかの絶対指標としての演技力などというものはないです。一〇〇m走の選手は一〇秒で走る人と一一秒で走る人がいたら絶対に一〇秒で走れる人のほうが優秀なわけですが、声優にそんな指標はないということですね。完全に、評価する人による。

だから声優の立場からすると「どうして私が選ばれたの？」と不思議に感じるときもあるし、逆に「なんで私じゃなくてあいつが選ばれるの？」という気持ちも多々生まれてしまう。そこがまた、難しいところです。

想像してみてください。アテにならない謎の指標で永遠に「上手い」「下手」と評価され、仕事が左右されてしまう。

怖くないですか？

声優を辞めるということ

もう一歩踏み込むと、この指標のあいまいさのやっかいなところは、辞められない人を作ってしまうことです。

また一〇〇m走の例で考えると、どんなにがんばっても一〇〇mを一一秒でしか走れない人に、「世の中にはもっと速く走る選手が数多くいる。君には一〇〇m走の才能がないから、ここでやめたほうがいい」と宣告した場合、たぶん、言われたほうもどこかのタイミングで納得すると思うんです。もちろん悔しいでしょうけど、これだけがんばってダメだったんだから……と思う一線がたしかにある。

でも演技の場合は、わけのわからない感覚なだけに、なかなか納得できないんです。演技力に客観的な指標はありませんが、それでもある一定の人数に、大体の人にウケる感覚は漠然と存在する。そうでなければ、次々と役に決まる声優がいることを説明できませんからね。そして、そういう感覚を持っていないならば、どこかで声優を辞めたほうが正解なんです。

僕はいろいろな声優を見てきているので、辞めるようにアドバイスをするタイミングは外していない自信があります。でも言われた本人にしてみれば、「納谷さんはそういうけど、でも私は音響監督の○○さんの手がけた作品に何度か出演していて、そこではいつも上手いと言われている」だとか、「自分の感覚では、いま売れている○○という声優と自分の演技にそこまでの差があるとは思えない。なぜ俺が下手だと言われて辞めなければならないのか」だとか、言い分はあるわけです。ここまで露骨な言い方をする人は滅多にいないけれど、そこまで強く返された場合、こちらも反論はできません。

しかしそれで声優を続けたとして、何が変わるわけでもない。仕事が少ない状況はそのままで、先にはただ苦しい人生が待っているだけなんです。逆転できる人は、極めて稀《まれ》にしかいません。

マネージャーの仕事の理想は、手がけた声優全員をスターにできること。それができたらいちばんいい。でも現実はそうはいかないわけで、僕はどこかで辞めさせてあげる、夢を諦めさせてあげるのもマネージャーの仕事だと思っています。

とはいえ、なかなかこれは上手くいかないです。納得しなかった人の辿る道は大体こんな感じで、まず、所属している事務所と合わないという話を始めます。そこからフリー（無所属）の声優になるか、もしくはどこか別の事務所に移籍する。でも、それで上手くいくケースは少ないですね。当たり前です。少なくとも僕が辞めるように話をするときは、所属している事務所に合う／合わないといったレベルの話をしていないんですから。

声優のマネージャーをやるということは、ひとりの人間の人生を狂わせてしまう可能性がある。声優のマネージャーについては第2章で本格的に論じますが、ひとまずこの場でも、このことを強く胸に刻んでおいてください。

4. 定食屋でうな丼を頼まれたらどうしますか?

さて、また違った角度から、職業としての声優の難しさに触れてみます。

いきなりですが、みなさんが定食屋を開いているとします。ここでメニューにないうな丼を頼むお客さんが来ました。どうします? 素直に「できません」と返しますか? それとも、慌てて近所の魚屋さんに走るなりなんなりして、対応しますか?

僕はどちらの判断でも正しいと思います。

声優の仕事には、似たような選択の局面が日々あります。無茶振りに対してできないと答えるか、もしくはどうにかしてやるか。どちらかしかないですが、どちらを選んでも正解です。ただ、そこで「できない」という選択肢を選ぶのであれば、はっきりとした理由が必要です。

スタイルをどう決めるか

先ほど、声優を取り巻く時代が変わったことを書きました。アイドル的なイベントの仕事が、職業としての声優の仕事内容に含まれる時代になったんです。

このことを逆の目線から考えると、今の時代、声優という職業なら、どんな仕事もできてしまうということです。

どんな仕事をしても許される時代になったから、定食屋でうな丼を頼むようなタイプの依頼が来る。そのとき、時代に合わせて「私はなんでもやる!」というスタイルで売っていく意識があるなら、たとえいまは自分ができないことだろうと、オファーがあったらどうにかしてやれるようにしないと駄目です。

逆に実はいろんなことができる人であっても、自分は演技だけでやっていくと決めたのであれば、できないものはできないと言ってしまってもいいです。そうした選択をした上での戦い方もあるし、何より、自分も納得ができるでしょう。

そのどちらでもない、中途半端に「とりあえずやります」とか、「なんとなく断ります」が困るんです。その選択をした人は、いずれ声優として死んでしまう。

声優として死んでしまうとはどういうことか。その人にとって目指すべき「声優」像がブレてしまうんです。それは声優として生き抜く上では、大きな問題になります。

つまり、声優という職業に就いたら、演技でも歌でも顔を出す仕事でもなんでもできるようになってしまった時代であるが故に、逆に自分がどういう声優であるのか、はっきりとしたイメージを持っていないと潰れてしまうわけです。


昨年末、大木民夫《おおきたみお》という大ベテランの声優が亡くなりました（代表作に『トップをねらえ！』タシロタツミ役、『GHOST IN THE SHELL／攻殻機動隊』荒巻大輔役など）。時代が違うといえばそれまでですが、彼はその長いキャリアの中で、本当に声の仕事しかしていません。ご本人が「僕は声の役者です。声でお芝居をすることにプライドを持っています」と生涯おっしゃっていました。だから仕事に関するお写真がほとんど残っていません。

葬儀にあたってマウスプロモーションとして所蔵している写真をあらためて整理したのですが、音声の収録現場が取材されたときに流れで他のキャストも交えた集合写真を撮ったものはあっても、おひとりで写られたものはほぼなかったんです。それぐらい、声優の仕事というのは自分の存在が前面に出るものではなく、自分の声の演技がキャラクターを通して伝わっていくことこそが仕事なのだと考えておられた。出演作に絡めたイベント出演のオファーもたびたびありましたが、ほとんど断っていたくらい、自分の姿が表に出ないことにプライドを持たれていたんですね。

こうした生き方とは別に、逆になんでもできることにプライドを持つ生き方もあります。何度も例に出してしまいますが、五十嵐裕美（32ページ）はそうですね。それこそスカイダイビングだろうが、ゲテモノを食べる企画だろうが、新人のころからあらゆる企画を全部やってきました。それはそれでプライドのある生き方です。

どちらの生き方も正しいです。でもそれをふわっと、そのときの気分でやってしまう声優は厳しいです。ちゃんと自分が見つめられていないということですから。

自分を客観視することの難しさ

僕は「もし神様から、なんでも特別な能力をひとつもらえることになったら、どんな能力を貰ったら声優としていちばん上手くいくだろうか？」という話をよく声優志望の子たちを前にします。そうすると、いろいろな意見が出ます。「誰にも負けない個性的な声」「どんな台本を見ても一瞬で内容が理解できる読解力」「キャラクターへの共感力」「カリスマ性」などなど……その中でもいちばん多いのは「誰にも負けない個性的な声」です。読者にもそう考える人がおそらくは多いのではないでしょうか。

僕の答えは違います。しかも、これはずっと前から変わらない、確実な答えです。

「自分を客観的に見ることができる能力」です。

一〇〇％自分を客観視できる能力があったら、声優として絶対に上手くいきます。自分がやっているものを完全に、外側の視点で見て、「いま、このしゃべり方をしていれば世間にウケる」「こういうタイプの仕事を請けていればまわりに認められる」という判断が客観的にできたなら、最強の能力でしょう。

でも実行するのは本当に難しいです。自分自身のことはどうやったって、判断にプラスかマイナスの要素が混ざります。声優にも「俺ってすごい！」というナルシストタイプの人もいますし、逆に世間からは認められているのに「私はまだまだ」とずっと考えている自虐的なタイプもいます。

たとえば「私は『自分はお芝居しかできない』と思うけど、まわりが『他のこともやったほうがいい』と勧めてくるからやったほうがいいのかな？」みたいな悩み方をする声優にはよく出会います。はたから見たら、その人はすばらしい演技のできる声優で、その仕事だけに専念したらいい状態なのに悩んでしまう。そして変にいろんな仕事に手を出して疲弊してしまうんです。逆に演技だけで勝負ができるほどではなく、いろんなことをやらなければ駄目なタイプに限って、「私は演技だけでやります」などと言い出しがちです。

こうした事例を見てきて思うのは、客観的にものを見ることができる能力があれば最強ですが、それが実際にできる人はこの世に存在しないということです。だからこそ、マネージャーという職業が成り立っている。

マネージャーの仕事の本質的な部分は、担当している声優さんを客観的に見て、そのときに必要なことをしてあげること。

詳しい話は、第2章であらためてします。

5. 個性的な声優っていいますが……

声優という仕事について回る言葉として、さきほど「個性的」という言葉を出しました。この「個性」というものについても、この場でもう少し考えておきましょうか。「個性的な声優」という言葉は、本当によく使われますからね。僕は使わないようにしていますが、おそらく多くの専門学校の声優科で先生たちが口にする言葉ランキングの一位になるのではないでしょうか。

でも僕は、「個性」というのはとても危うい言葉だと思っています。だから使わないんです。

オーダーに答えること

牛丼屋で牛丼を頼んだら、玉子丼が出てきた。これはその店の個性だと思いますか？

おそらく多くの人が違うと感じるでしょう。

たとえば、「主人公のお母さんが亡くなりました」というシーンがあったとして、普通に考えれば主人公は泣きますよね。一〇〇人いたら九九人は泣くお芝居をするでしょう。「わんわん泣く」のか「しくしく泣く」のか、「目元からポロリと涙が零《こぼ》れる」のかは、解釈やテクニック次第でしょうが。しかし中には、そういうシチュエーションを与えられて「笑う」人がいます。これは個性でしょうか。

あなたはどう思いますか？

ぶっちゃけた話、ド新人がやっているならそれは、個性じゃなくてただの下手な芝居です。文章読解能力がなさすぎる。

では、大塚明夫（33ページ）のような、キャリアがあって、実力が保証されている声優がやったらどうか。もしかしたら、個性的なお芝居という扱いになる……かもしれません。

「個性」とはそういう、曖昧《あいまい》なものなんです。結局のところ突き詰めれば「人とやることがズレている」ということですから、それを周囲に認めさせるには、土台を作る必要がある。だから個性を認めさせることは、若い子にはそうできる範疇の話ではないんです。

牛丼屋のたとえでも、たまたま店主が牛丼をどうやって美味しくするか。本当に付け合わせは紅ショウガでいいのか、わさびでも旨いじゃないか、おろししょうがでも美味しいんじゃないか……などなど、徹底的に考え抜いた結果として他の人と違うものが出てきたのであれば、それは個性でしょう。玉子丼を出してしまうのは、やりすぎにしても。

大塚に「なぜいまの状況で笑ったんですか?」と尋ねても、おそらく「いや、だって、話の流れでここは笑うだろ、コイツなら」と返してくると思います。それはもう、別にわざわざ人とズレた個性的なお芝居をしてやろうと思ったのではなく、大塚明夫ほどの声優が、備わった感性で役について考えたら、他の人とズレた芝居が結果的に出てしまった。余計な計算をしたわけではないんです。それが個性というものです。

学ぶべきものは何なのか

考え抜いた先に出てきた演技がステレオタイプな表現になることは往々にしてあります。それを悪いことのように語る人がいますが、僕は違うと思います。

ステレオタイプ、ベタな演技そのものは悪いことじゃない。そもそもスタンダードな演技、言い換えるなら、ある場面で要求されるオーソドックスな演出というものは、過去にいろいろな人が試行錯誤を重ね、その中から生き残ったものです。これが悪い表現なわけがない。

泣く演技を要求されるようなシーンであれば、まずその人なりにちゃんと「泣く」。その「泣く」演技にも幅があり、結果的に個性が出るんです。「みんな泣くだろうから、俺はひとりだけ笑ってやろう」みたいな考え方で演技をするのがいちばんよくないです。個性を出そうとする方向性が間違っています。

はっきりと言いますが、専門学校などで「個性を出そう」というような教え方をされたら、疑ったほうがいいです。僕は養成所の先生もやっていますが、セオリーや鉄則、文章の読み方しか教えません。この子がいまどういう気持ちであるのか、どういうところを見ればわかるのか。どういうことを考えていると想像できるのか。そうしたことだけを教えています。

言い換えるなら、あたえられた役の気持ちを作りやすくするためのガイドを、台本の中から発見しやすくなるような見方ですね。牛丼屋のたとえでいうなら、どのような注文票がお客さんから出ているのかの見方になるでしょうか。物事の正しい考え方のようなものをひたすら教えているんです。

正しい考え方さえ身についていれば、一生懸命考えた先に出てくる答えは、どうやっても違うものになります。人間は一人ひとり全員、経験してきたものも、背負っているものも違うんですから。

個性がない人間なんていません。だから、無理に個性を育てる必要はないんです。

第2章

「マネージャー」って楽しいの？

1.「マネージャー」というお仕事

今、声優業界は景気がいいです。理由は別の章でもう少し詳しく書きますが、ほとんど何もしなくても仕事がバラバラと降ってくる状況で、やろうと思えばいくらでも声優はスケジュールを埋めることができます。

個人的には、いわゆる「バブル」＝「実体のない好調」だと思いますが……ともあれ、その気になれば、声優は事務所に所属せずとも、自分ひとりで食べていくことができなくもありません。つまり、声優のマネージャーなんていなくてもいいんです。少なく見積もってもこれから二、三年のあいだは、そうした状況が続くでしょう。

でも僕は、長期的な視点で考えたとき、絶対に声優にはマネージャーが必要だと確信しています。この章ではその「確信」の理由を説明しつつ、声優のマネージャーの仕事内容と、その楽しさを書いていこうと思います。

「付き人」と「営業マン」

声優のマネージャーの仕事には、ざっくりと大きく分けてふたつの面があります。「付き人」と「営業マン」です。

いわゆる実写作品で活躍するような役者やテレビ出演の多い芸能人だと、それぞれの役割を担うマネージャーがひとりずつ、合計でふたりのマネージャーが担当についていることが多いですね。テレビをよく見るような人だと、「現場マネージャー」という言葉を聞いたことがあるのではないでしょうか。これが僕の言う「付き人」です。つまりドラマやバラエティー番組の収録現場で、タレントのそばに付いているマネージャーです。そして、新しい仕事を獲得するため動く、いわゆる「営業」をするマネージャーがその人とは別にいる。声優業界では慣習や、ぶっちゃけたことをいえば、声優とタレントの一人あたりで稼ぐ金額の差もあって、この「付き人」と「営業マン」の仕事をひとりが兼任することが基本になっています。

付き人としてのマネージャー

では具体的に、声優の「付き人」の仕事とは、どんな内容なのか。

たとえば収録の現場に行ってケアをする。声優が「水が欲しい」と言えば水を渡し、お腹が空いたと言えば食べ物を与える。このあたりの仕事内容は、経験したことのない人でも想像がつくのではないでしょうか。

では、台本を取ってくることはどうでしょう。おそらく不思議に感じますよね。これだけネットの普及したご時世にもかかわらず、アニメの台本や映像素材は、基本的に紙や物理メディアでやりとりをするんです（最近ようやく、メールでのやりとりも多少は増えました）。アナログな素材のやりとりが多いことの良し悪しはまた別の話になるので置いておきますが、ともあれ現状、声優の仕事の中には、物理的に受け渡しが必要なものがいろいろとあります。その仕事を本人の代わりにやるのも、「付き人」としてのマネージャーの業務のひとつです。

それから、これは声優本人や自分自身のプライベートにも関わってしまうのでどこで線を引くかが難しい仕事ですが、一日のスケジュールの管理をするのも「付き人」の仕事のうちです。何時から何時までどのスタジオにい

事務所に集まる台本は膨大な量だ。

て、その次は何時までにどこのスタジオに入って、次はどこに移動して……という段取りを全部把握して、何かトラブルがあって後ろの現場に遅れることがあれば、その連絡も代わりにやります。

まとめると、声優本人でなければできない「声を使う仕事」の周囲にある、事務的にやらなければならない作業をひたすらやるのが「付き人」としてのマネージャーです。

芝居に専念できる状況を作る

「付き人」としての仕事の難しいところは、「声優本人がやりやすい状況をどう作るか」を常に考え続ける必要がある点にあります。言い換えれば、「どうやって、演技以外の余計なことに声優の頭を使わせない状態を作るか」。こうした状態を実現できるのが、ベストな「付き人」です。

たとえば、「喉が渇いたな」と思う前に声優の前に水を出しておくことができれば、「喉が渇いたな」といちいち頭を使わずに済みます。

イベント出演のときには、何時からリハーサルが始まって、それまでに何をすればいいのか、本人が気にしなくてもいい状態を作る。そのためには、何時までに会場に入り、どのメイクルームに入り、〇〇さんというメイク担当の人にメイクをお願いして……という当日の流れをきちんと把握し、その前にやらなければいけないことも全部把握しておく必要があります。

このとき、ただ「どこどこのメイクルームに入る」と確認するだけではダメです。会場のどこにその「メイクルーム」と呼ばれる場所があるのかを確認し、迷わないように会場内の導線を確認するまでが仕事です。メイク担当の人についても同じです。「今日お願いするのは〇〇さん」ということを確認したらそれで終わりではありません。イベントの準備には時間のズレがつきものですから、予定通りに声優がメイクルームに入ったとして、ちゃんとその〇〇さんがすぐにメイクの作業に取りかかれる状態に準備ができているのか、リアルタイムで常に把握しておく必要があります。もし前の人に時間がかかって、こちらのメイクの開始時間が遅れるようであれば、後ろのどれかの作業を前倒しして時間を調整できないか考える必要も発生します。

こうした一つひとつの段取りを全部先読みでチェックしておいて、担当している声優がある作業を終えて自分のところに来たときには「次はこう動いてください」と当たり前のように指示できる状態にする。そこまでやって、ようやく「付き人」としての仕事の「基本」ができたといえるんです。

「付き人」の仕事・上級編

ではその「基本」の先にある、いうなれば「上級」の仕事はどのようなものか。

ここではイベントの話を例に出しましょう。

イベントのリハーサルを終えて、声優がマネージャーのところに戻ってきます。そこでまずやることといえば、大体の場合、リハーサルを撮影した動画のチェックです。ステージに立つ声優は、自分がお客さんにどう見えるのかをとても気にするケースが多いです。

だからまず、マネージャーはリハーサルのときにずっとカメラを回しておく必要があり、そして、撮ったそばからパソコンに落としておいて、リハーサルが終わったらすぐにチェックできるような状態にしておかなければなりません。

チェックが終わっても、当然、そこで終わりではないです。ほとんどの場合そこでメイクを直すのか、直さないのかのジャッジが必要になります。イベントによってはリハーサルから本番までの待機時間が発生するので、衣装を一旦脱ぐのか、そのまま着ているのかの判断が必要になるケースもありますね。

そして大切なのが、食事のタイミングを考えておくことです。一度本番が始まってしまったら、あいだに食事休憩の余裕がないイベントもあります。そうしたうしろのスケジュールを計算し、リハーサルと本番のあいだに食べておくのか。それとも、イベント中のどこか別のタイミングでとるべきなのか。単に早めに食べておけばいいというものでもなく、適切なタイミングで食事をきちんととらないと、体力を使うステージでは体が保ちません。食事のタイミングまで計算をするのも、マネージャーの立派な役目です。

さらに細かい仕事もあります。

たとえば衣装のスカートが短かったとしたら、声優は中が見えるかどうかが気になるでしょう。衣装は大体、そうしたことをきちんと計算して作られているものですが、大丈夫だとわかっていても気になるのが人間の心理というものです。そこでひとこと、「見えてないですよ」と言ってあげられるかどうか。そういう精神的な部分への対応も、マネージャーには必要です。言葉は悪いですが、少し調子に乗ったくらいの方がいいパフォーマンスができる声優であれば、「リハーサル、すごく格好良かったよ！」と感想を伝えます。逆に勢いに乗ると調子が崩れるタイプ、頭で自分のパフォーマンスを整理してやりたいタイプの人であれば、良かった点や良くなかった点、本番では変えたほうがいい点を正確に指摘できるように、相談相手にきちんとなれるように意識しておくことが重要です。もちろん、本番では緊張するタイプの子であれば、緊張をとってあげることが何より大事ですね。新人の子は最後のパターンが多く、ベテランは、基本的には自信がある人が多いので、調子を上げるように振る舞うのがいいです。そのためにお世辞が必要であればいくらでも言うし、叱ることが必要なのであればいくらでも叱ります。

そうしたメンタル面も含めて、いかにして担当している声優からよいパフォーマンスを引き出すか。「付き人」としての声優のマネージャーの仕事で、もっとも肝心で、難しいのはここです。一人ひとりでまったく違う、ベストなパフォーマンスの引き出し方を丁寧に把握しておくことも重要です。

そのためには、声優個人との普段からの付き合い方が大切です。

第1章で、高田憂希（40ページ）という声優がファンには「明るく元気で物怖じしない」と思われているけれども、本質的には気の小さい、イベントなどで人前に出る際には割と緊張するタイプだったと書きました。

それを僕がちゃんと見抜けているのは、彼女のことを養成所のころから見ているし、（妙な誤解をしないでほしいですが）普段からご飯を一緒に食べたり、仕事じゃない会話で冗談のひとつも言ってみたりして、彼女のことをよく知ろうとしているからこそなんですね。そういう積み重ねがあるから、この子はまわりから思われているほど傍若《ぼうじゃく》無人《ぶじん》ではないし、天真爛漫《てんしんらんまん》でなにも考えてないタイプでもないとわかる。だから大舞台が来たら緊張するだろうなと思っていたら、案の定、そうだった。きちんと普段の様子から予測ができていたので、初めての大舞台の直前、突然目の前で発生した事態にもマネージャーとして対応することができました。

これがステージ上の彼女しか知らないで、急に現場に入ったマネージャーだったらまず無理だったと思います。さきほど書いたような、「喉が渇いたと感じる前に水を渡す」というようなことは、教えればすぐに誰でもできると思うのですが、こうしたその範疇外の仕事は、一朝一夕《いっちょういっせき》にはできません。普段から目の前にいるひとりの人間を理解するための努力が必要で、その努力を怠らないことが「付き人」としての仕事の本質ですね。

人付き合いの方法

人間関係を作るための努力の仕方はさまざまですが、僕の場合は、誰と接するときも相手に「舐められる」ように振る舞うことを心がけています。

一時期、僕はマウスプロモーションで「社長」の立場にありました。しかも「前社長の息子」で、さらにはアニメやボイスドラマの制作現場では「音響監督」を務めることもある。こうした肩書や属性だけを並べると、なんだか傍《はた》からはものすごく偉い人に見えてしまうような状態だったことがあるんです。

こうなってしまうと、僕の前では多くの人がシュッとした態度をとるようになります。しゃべる言葉も、どこか作った言葉になる。これ自体は、社会人としては仕方のないことですが、でもそれでは僕にとっては仕事の上で困ったことになってしまう。

だからなるべく普段からくだらないことを言ったり、冗談を言ったりして、「この人は与《くみ》しやすいな」と思われるように工夫をしたんです。社長ではなくなった今でも、年齢が上になってくるとどうしても偉く見えるようになってきてしまうので、やはり続けています。年齢がものすごく下の子に対しても、「お前、ダメだろ！」みたいに上から物を言うことも原則としてしません。会話するときにはなるべく同じ目線になるように心がけています。

これは自慢なんですが、「他のマネージャーにはしゃべれないけど、納谷さんにはしゃべれます」といって、秘密の話を聞くことも多いです。プロとして仕事をしている声優だけではなく、養成所の子に対してもあまり上からしゃべることはないですし、お互いに口調もタメ口です。外部の人が近くにいるときは気をつけるようにお願いしていますけれど。

普段から友達のように付き合うこと、締めるところは締めること、そしてあとは、やるといったことはやる。これは声優のマネジメントに限らず、人付き合いをする上でとても大事なことです。「絶対にやる」と口にしたことは、なんとしてもやらなければダメです。

あと大切なのは、マネージャーも人間ですから、失敗するときは失敗します。何かミスをして、担当している声優に嫌な思いをさせることは当然ある。そのときにはちゃんと謝るべきです。これもマネージャーはどうあるべきかという話以前に、人間関係の基本ですよね。偉そうに書いていますが、ただそれだけといえば、それだけなんです。他に言えることなんて、「なるべく共通の話題を見つけてあげましょう」くらいで、これもコミュニケーションの基本ですしね。

やはりマネージャーの「基本」は、人間関係の「基本」というのが、結論です。

でも、頭でわかっていても、なかなかできない人も多いのではないでしょうか。

「営業マン」としてのマネージャー

では、ここからは「営業マン」としてのマネージャーの話に移りましょう。最初に言っておきますが、こちらの仕事は声優の生死に直接関わります。比喩ではなく、マネージャーの働き方如何《いかん》によって声優は死にます。だから声優のマネージャーになりたいという人は、ここから先の話をより真剣に読んでください。マネージャーの仕事の「肝」です。

実際、僕自身もマネージャーとして仕事をしてきた中で、より力を入れ、得意としてきたのは「営業マン」としての仕事ですから、ここまでの内容よりもさらに真に迫った内容をお伝えできると思います。

第1章でも書いたように、声優という仕事は、基本的に自分自身から何かをできる仕事ではないです。誰かによって生み出された作品があり、それに対して「あなたに声を入れて欲しい」というオファーが来ないと、仕事はできません。だから仕事をくれる相手にアプローチし、依頼を取ってくる仕事……すなわち「営業」が必要になります。

だからマネージャーの仕事に「営業マン」としての側面が発生するんです。

では「営業マン」として、どう仕事をするべきか？

一般的な話は、いわゆる他業種の営業マンのノウハウと同じです。ですから、そうした内容を知りたい人は、申し訳ないですが書店のビジネス書のコーナーに嫌というほど並んでいる、営業マン向けのハウツー本を別途読んでいただければと思います。ここでは具体的な、「声優のマネージャーならではの営業」の話を書いていきます。

とはいえ、ひとことで「声優のマネージャーならではの営業」といっても、そのやり方はいろいろなものがあります。

よく耳にするものは、作品のキャスティング権を握っている人、音響制作会社や映像メーカーの関係者に「仕事をください」と頼むことです。

なんだか汚い話に聞こえるかもしれませんね。でも、そんな綺麗事は言っていられません。

声優は給料制ではなく、月々のギャランティーは歩合制です。

極端な例をいえば、一〇〇本仕事をした月には一〇〇万から一二

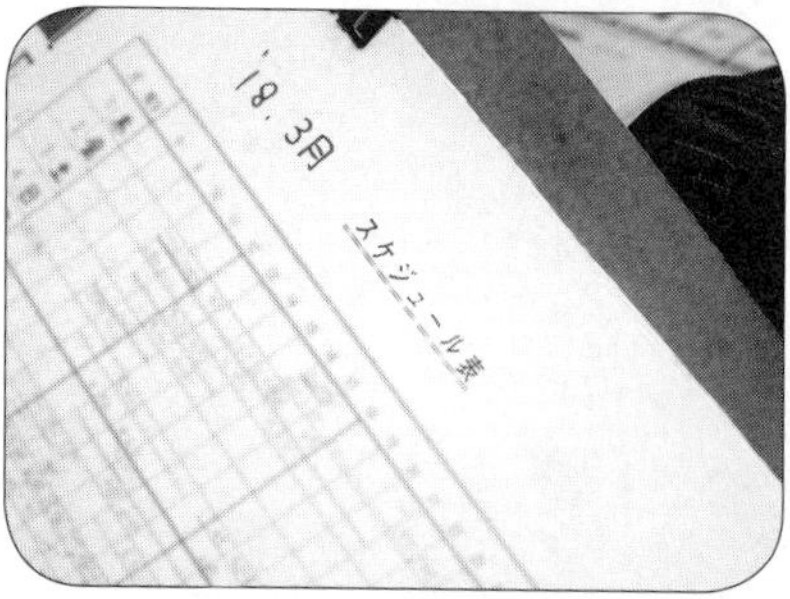

管理するスケジュールはぎっしり。

○万円のお金が懐に入ります。しかし一本も仕事のなかった月は収入ゼロです。だから「仕事がない」というのは、イコール、その声優にとっての「死」を意味しています。冒頭に書いた通りです。言葉の綾ではありません。生活していくためのお金がなくなり、本当の意味で「死」を迎えます。

だから僕は、営業能力こそが声優のマネージャーという仕事の「肝」だと思っています し、その仕事において、綺麗事をいうつもりがないのです。あえて強い言葉を使えば、担当声優に気分よく仕事をしてもらうことに長《た》けていても、まず仕事自体を用意できるようなマネージャーでなければ意味はありません。

僕はそうしたマネージャーであるために、「ゴリ押し」だって容赦なくやります。

「ゴリ押し」の何が悪いのか

この「ゴリ押し」という言葉、あるころから、声優のファンのあいだでよく使われるようになった印象があります。「○○みたいな下手な声優に大きな仕事が多いのは、事務所がゴリ押ししているからだ」といったように、あまりよくない意味で使うようですが、僕はそうした批判を書き込む人たちがどういうことを考えているのか、一度聞いてみたいです。

まず第1章で述べたように、声優の実力を測る客観的な指標はありません。ある人にとって「実力がない」と判断されても、他の人には「実力がある」と判断されることはままあります。そうした実情を踏まえた上で、さて、「ゴリ押し」の何がいけないのでしょうか。そうやって仕事を取ってこなければ、声優は死ぬ。「ゴリ押し」程度で人命が助けられるのであれば、いくらでもやって問題がないのでは？　違いますか？

……いささか挑発的なことを書きましたが、そもそもの話として、「ゴリ押し」だけで仕事が決まるなどという単純な話はありません。どれだけ強引なプッシュをしたところで、あくまでチャンスの幅が広がるだけです。ゴリ押しをしたことで、大きなタイトルの重要なキャストに必ず自分の手がける声優を押し込めるなんてことはありえません。断言します。

筋道立てて説明してみましょうか。

一クールもののテレビアニメを作るためには、一般的におよそ二億円のお金がかかるといわれています。放映料など考慮せず、映像を作るだけの金額です。正直、今のテレビアニメは要求されるクオリティが上がっているので、二億円の制作費で済んでいるタイトルはほとんどないのですが、ひとまずこの基準で考えるとしても、サラリーマンの生涯年収を上回る金額ですよね。つまり、人ひとりが一生かけて稼ぎ出す金額を、わずか三か月だけオンエアされるものに費やすわけです。テレビアニメが放映されるまでには、大体、二年前後の準備期間があるのですが、それを足したとしても短い期間であることは変わりないでしょう。

声優の仕事は、そのプロジェクトの後ろのほうにかかわるものです。だるまに目を入れる作業に位置づけが似ています。だるま自体を作るほうがはるかに大変で、墨で目を入れるのは一瞬。でも、その入れ方ひとつに全体の出来が大きく左右されてしまう。それくらい、アニメに声を入れるという仕事はおそろしいものです。

昨今、アニメのDVDやBlu-rayが売れないといわれています。社会全体を見ても、まだ決して景気はよくありません。二億円の投資を作品の売上で取り返すというのは、とてつもなく大変なことになっています。そんな状況ですから、誰もが売れるための方策を熱心に考えています。そこで「ゴリ押し」されたからといって、作品にプラスにならないどころか、もしかしたらマイナスになるかもしれない人をキャストに入れるなどということが、おいそれとできるでしょうか。人ひとりの人生とも等しい二億円の勝負に出るのであれば、確実に作品にとってプラスとなる、自分たちが確信を持って作品に必要だといえる声優を起用しようと考えるのが、合理的な発想というものではないでしょうか。

これで「ゴリ押し程度でキャスティングに自分の望む声優を押し込むのは難しい」ということが伝わったでしょうか。それでもまだ、「チャンスの幅が広がる」ことにすら抵抗を感じる人もいるかもしれませんね。そういう人に向けて僕が書けることといえば、こんな話です。

僕はアニメ業界で仕事を始める前、システムエンジニアでした。システムエンジニアの働き方もさまざまですが、僕はいろいろな企業に出向するようにして働くタイプだったので、多くの企業の内幕を見てきています。そのうえで断言しますが、声優業界ほどクリーンな業界は見たことがないです。こんなに実力を気にする、実力本位で仕事の決まる業界はほかにはありません。転職してすぐのころは、あまりにクリーンで逆に気持ち悪かったくらいでした。

たしかに僕にも、アニメを観ていて「この声優はずいぶん下手だな」「このキャラクターらしい声とは違うのではないか」と感じる瞬間はあります。ですがおそらく、その作品の配役を決めるにあたっては、その声に光る何かを感じた人や、何かその声優の持っている素質の中に欲しいものがあった人がいたのでしょう。その感覚が合わないだけのことを「ゴリ押し」という言葉で批判しようとするのは、論理の上でも、これまでの経験からしても間違っていると僕は考えます。

反論があったら、ぜひ聞いてみたいです。

ところで、ここまで書いてきた「なぜ『ゴリ押し』でキャストが決まることはありえないのか」についての説明を裏返すと、ほとんど実績のない声優になんとかして仕事を取ってくるのは、今、本当に難しいということがわかると思います。

そしてどれだけ苦労して持ってきた仕事であっても、最終的に請けるかどうかを決めるのはマネージャーではありません。声優本人です。本人に「嫌だ」と言われたら、マネージャーのすべての苦労は水の泡になります。実際「なんでこんなことしなきゃいけないの！」という声優のひとことで、仕事が流れることはしばしばあります。

それが「営業マン」としてのマネージャーの仕事の辛いところです。「あなたの知らないところで、どれだけ営業の苦労をしたと思っているんですか……」と泣き言を言ったところで、どうにもなりません。

そもそも何百時間かけたところで取れない仕事は取れないですし、逆に電話一本であっさりと取れる仕事もあります。「営業マン」としてのマネージャーは、偶然や理不尽に晒される仕事なんです。

だからこそ、「どうやったらよりよい仕事ができるのか？」と考えることに価値がある。僕はそう考えます。偶然や理不尽に屈せずに仕事をするためには、どのように働けばいいのか。次の項でも、さらに声優のマネージャーの「営業マン」としての側面を掘り下げて考えていきましょう。

2．黒いリンゴは売りやすい

どうやって、声優に仕事を持ってくるか？

ここで「営業マン」という仕事の本質に立ち返って考えてみたいと思います。あらためて考えてみてください。「営業」とは一体、どのような行為のことを指すのでしょうか。

僕は「営業」とは、「売ろうとしているモノの魅力を相手に伝えること」だと捉えています。

では「モノの魅力」とは、モノのどのような点を指すのでしょうか。

今回はリンゴを例に考えてみましょう。

あなたはリンゴをひとつだけ持っていて、それをある人に売ろうとしています。さて、リンゴの持っている、どんな要素をアピールしますか。

おそらく、多くの人が「甘さ」と考えるのではないかと思います。

リンゴは食べ物ですから、味を売りにするのは自然な発想です。しかし、それで本当に売れるのでしょうか？

「甘さ」というのは、どれだけ言葉でアピールしても伝わりません。僕にとっては魅力的な「甘さ」であっても、売る相手にしてみたら、大したことのない「甘さ」かもしれません。少なくとも、相手はそう判断する可能性は小さくありませんよね。その人の求める「甘さ」とは質の違う「甘さ」かもしれません。「甘さ」は見た目からは伝わりませんし、試食をしてもらおうにも、あなたが持っているリンゴはひとつですから、食べさせた瞬間に売り物はなくなってしまいます。

それならば、もっと違った要素で推したほうが売れやすいのではないでしょうか。たとえば、見た目で売りになる特徴を探す。もしそのリンゴが黒かったら、「甘さ」ではなく「黒さ」を売りにすればいい。「黒さ」という特徴はいくらでもアピールのしようがある。

営業マンとしては、「甘いリンゴ」よりも「黒いリンゴ」のほうが売りやすいんです。

これを声優の話に置き換えると、「甘さ」は「演技力」に近いです。

「演技力」が「甘さ」と同様に曖昧な基準であることは、これまでも何度も触れてきました。そして「甘さ」を感じるには食べるしかないように、声優の演技力を知るためには実際に演技をさせてみる……つまりは、自分の作品で使ってみるしかない。ようするに「買うかどうかを決めるために買ってみる」という、卵が先か鶏が先かの話になってしまうのです。「今回はお試しで、ノーギャラで作品に出演させてみてください」みたいな話はありえません。

つまり「演技力」で声優を売るというのは、「食べさせられないけど、このリンゴは絶対に甘いので買ってください！」と言うのと同じことなんです。

僕という売り手のことを信頼してくれている人が相手であれば、それも不可能ではないでしょう。一昔前の声優業界では、そうしたマネージャーや事務所に対する信頼を元手にして売り込む営業が基本でしたし、今でもそうやって仕事が決まるケースもあります。しかし、それだけではもう対応しきれないくらいに仕事の幅が広がっているんですね。それまで仕事上の繋がりがないクライアントが営業先になることはどんどん増えていますし、これからますます増えていくことでしょう。そうした見ず知らずの、これまで付き合ったことのないような未来の取引先に対して声優を売り込むには、「甘い」というような相対的で不確かな基準ではなく、もっと絶対的な、リンゴなのに「黒い」というような付加価値が必要なんです。

売り方を考えるにあたって「黒いリンゴ」の有利な点は、「黒さ」という食べなくても魅力を伝えやすいポイントがあることに留まりません。黒いリンゴは珍しいですから、それだけで面白いと思う人がきっと一定数以上いるでしょう。もちろん「黒いリンゴなんてまずそうだ」と思う人もいるでしょうが、それでもいいんです。「黒さ」は「甘さ」と違って個人の感覚でぶれることのない絶対的な評価軸ですから、とにかく「黒さ」が好きな人を探し出せば、商品を売ることができる。言い換えるなら、営業に仕事をする余地があるということです。

では、こうした発想を僕は「営業マン」としての声優のマネージャーの仕事に、具体的にどう活《い》かしてきたか。

ひとつの例はマウスショップの経営です。マウスショップとは、マウスプロモーションの所属声優たちが出演した作品のパッケージを含む各種関連グッズや、マウスプロモーションが自主制作したドラマCD、グッズなどを置いている、事務所直営の販売店です。モノを売るだけではなく、ちょっとしたイベントができるスペースも設けています。

このお店の存在を知っている人によく誤解されているのですが、マウスショップ自体は赤字経営です。チェーン展開などをせずに、いち小売店だけで利益を出すというのは、よほど上手に経営しないと厳しい。小売業の人であればおわかりいただけるのではないかと思います。言葉を選ばずにいえば、マウスショップはあくまで、声優事務所という本業の片手間に経営しているものです。その状態で黒字を出すというのは、かなりの商才がなければ無理でしょう。そして僕には、そんな才覚はありません。そして、そもそもの話として、端《はな》から黒字にする気もないのです。

ではどうして、そんなショップを立ち上げたのか。

マウスプロモーションの所属声優に、リンゴの「黒さ」にあた

マウスショップのカウンター。

る、絶対的な評価基準をあげたかったからです。

マウスプロモーション所属の声優が出演したら、マウスショップが関連商品の販路のひとつになるというのは、声優の営業においてひとつの売りになります。経営は赤字であっても、マウスショップはマウスプロモーション所属声優のファンのみなさんには愛される場所に育ちました。それがどういう意味を持つのかというと、具体的にはマウスショップにBlu-rayやDVDを卸すと、ある一定枚数の売上はほぼ確定できるということです。

これは「絶対的な評価軸」として大きい。

アニメのBlu-rayやDVDのセールスについて調べたことのある方だと、「人気声優がどれだけ出演しても、あまり売上には影響しない」と言われているのをご存じの人もいるかもしれません。その言葉は正しくて、今をときめく人気声優を軒並みキャスティングに揃えたのに、かなり厳しいセールスになってしまった作品

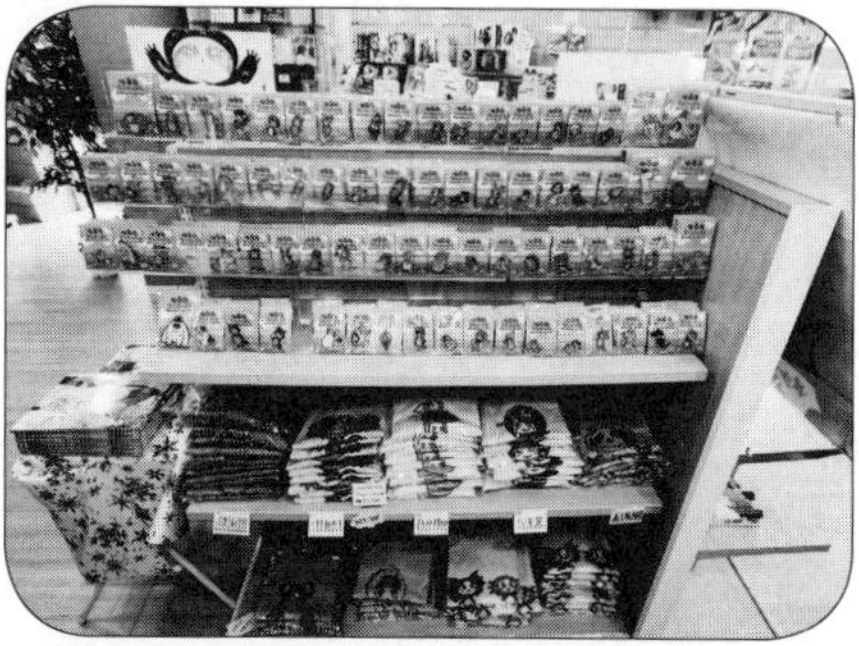

マウスショップではオリジナルグッズも数多く取り扱っている。

は山ほどあります。「この声優は人気がある」というのも、「このリンゴは甘い」と同じくらいに、ことビジネスという側面においてはアテにならない言葉です。それに対して僕は、マウスショップを経営することで、ビジネスにおけるかなり確実な数字を具体的な形にしてみせたわけです。

「ゴリ押し」の話と同様、このやり方にあまりよい印象を持たない人もいるでしょう。ものづくりの世界をビジネスの論理で汚しているようにみえるかもしれません。しかしアニメづくりはあくまでビジネスです。もちろん、ただビジネスの論理だけではないところが多々あり、それがよいところではあるのですが、やはりある程度は商売の側面がある。趣味でやっていることとは違うのです。そうなると数字に反映される絶対的な評価軸を持っていることが商売上の武器になるのは、仕方のないことです。

誤解されないように補足しておくと、「うちの事務所の声優を作品にキャスティングしてくれたら、一〇〇万円分の商品を確実に買い取ります」という話ではないです。それはビジネスの論理を歪める行為ですからね。

あくまで商品はお客さんの手元に届くんです。マウスショップは販路のひとつに過ぎず、商品の販売という観点からは赤字経営だけれども、マウスプロモーション所属の声優が活躍する場を広げるということには役立っており、広い意味では損をしない。お客さんにとっては、マウスショップで購入することで特典を手に入れたり、好きな声優をより近くで応援できたり、付加価値を得ることができる。そして取引先にとっては、マウスショップがあることで商品の販路がひとつ増える。ここにはしっかりとしたビジネスの構造があります。これを作るために、マウスショップを立ち上げたわけです。

第1章で書いた「マウスプロモーション所属の声優であればトークが必要な場面にも対応できます」「顔出しでのイベントや配信番組にも対応できます」というのも、まだやる声優が少なかったころには「絶対的な評価軸」に繋がる要素でした。現在では普通になってしまいましたが。僕はなるべくそうやって、評価する人の感覚に左右されない、絶対的なものをマウスプロモーションに所属する声優には持たせたいと考えてきました。

そこにこだわるのは、感覚的な判断を軽視しているからではありません。逆です。根本的なところでは、声優さんの商売は評価する人の主観、決定権を持っている人たちの感性によるものだということが、骨身にしみてわかっているのです。「演技力」のようなアテにならない基準だけれども、最後の最後ではそれがすべてを決める。そういうところで仕事をしている人間だからこそ、「どうにもならない」と思考停止してしまうことは避けたい。少しでもアテになりそうなものを積み上げることで、自分の近くにいる声優さんたちを守りたい。

ある役のオーディションで、一〇〇人から三人まで候補が絞り込まれたとします。落とされた九七人とその三人のあいだにははっきりとした差があります。しかし残った三人のあいだには、まず大きな差はありません。誰が決まっても、立派にその役らしい演技を聴かせてくれることでしょう。でも、役の座はひとつです。誰かが勝てば、ふたりは負けます。その状態になったときに「マウスプロモーション所属の子ならショップがあるから、そのことを考慮に入れよう」と判断してもらうことは、悪いことでしょうか。僕はそうは思いません。むしろそこで最後の決め手になるような、客観的な判断要素をどうにかして用意することこそが、マネージャーの仕事でしょう。

マネージャーは、声優のがんばりを最も身近で知ることのできる立場です。ここまでの文章で、まるで僕が「演技力」というものを軽視しているかのように誤解されている人も多いのではないかと思いますが、違います。どうして僕が「演技力」のことを気にしないかといえば、それは誰よりも声優の実力を信用しているからです。僕が……というよりも、マネージャーがそこをとやかくいうことは、本来であればないのです。声優は演じることが好きですから、勝手に演技の勉強をしますし、勝手に上手くなります。少なくともマウスプロモーションに所属するような子たちであれば、確実にそうです。

黒いリンゴは売りやすい。でも、リンゴが最後の最後にどこで評価されるかといえば、やはり「甘さ」です。食べたとき、美味しかったと感じてもらえることが大切です。それと同じで、「演技力」は声優の根幹です。そこを本人に任せられるから、僕は声優のためになるような違うことを考えられる。ためらいなく「営業マン」としての仕事ができるのです。

次の項でも、また違った角度から「営業マン」としてマネージャーの仕事について考えていきましょう。

3. 声優にドラマをつくる

声優は多岐にわたる仕事ができるが……

みなさんはアニメやゲームのどこに惹かれますか。アニメやゲームにはいろいろな要素があります。「絵が素晴らしい」「音楽が美しい」「キャラクターが魅力的だ」……いろいろな意見があると思いますが、最も多いのは物語――ドラマに惹かれるという意見ではないでしょうか。

声優も同じです。僕はある声優のマネジメントを手がけるときには、その人の声優としての人生に「ドラマ」を作ることを常に意識しています。

ある新人の声優がいます。顔はなかなか可愛くて、演技も巧みで、立ち居振る舞いに華もある。おそらくこの子は主役か、それに準ずるような大きな役が狙える子だろう……そう判断したら、僕は「中途半端にキャリアを積ませず、いきなり主役でデビューさせよう」

と考えます。

これが「ドラマ」です。

人によってはビジネスの「プラン（計画）」と言うようなものですが、僕は「ドラマ」という言葉を使います。そのほうが、僕の感覚にはしっくりくるからです。

話を戻すと、「中途半端にキャリアを積ませず、いきなり主役でデビューさせよう」と思いついたら、そのアイデアを起点として思考を拡げていきます。「主演でデビューした作品がそこそこヒットして、シリーズ化されて二、三本続いてくれるとうれしい。そのヒットが続いているうちに、歌や踊りも好きな子だから、歌手デビューして、コンサートもやろう。でも本当は演じることがいちばん好きな子だから、全国ツアーまでは組まないようにしよう。ツアーで東京を離れることが増えると、レギュラーでのアニメの収録をスケジュールに組み込むことが難しくなってしまう。コンサートは年に一回くらいのペースで続けられることを目標にして、空いたスケジュールには、アニメ以外にも舞台だとか、何か演じることのできる機会を増やすことにしよう。そうこうしているうちに三十代を迎えると、流石《さすが》にそろそろ主役だけで仕事をしていくのは難しくなっているかもしれない。そうしたらお母さん役やお姉さん役を増やす必要があるだろうから、役の幅を広げるようなマネジメントを意識しておかないとダメだな」……といったような形で、ライフコースを考えてみるわけです。大体、その声優が人生の終わりを迎えるところまで想像します。

このように短期的な想像だけで終わらせないことが僕は大事だと思っています。そして、痛々しい妄想扱いをされることを承知で、本人にも想像したドラマを話します。それには大きな理由があるんです。

今は声優という職業につくことで、なんでもできる時代だからです。

NHKの大河ドラマに出演する声優がいて、紅白歌合戦に出場する声優もいて、プロレスラーになる声優もいて……こうした例は極端にしても、今の声優は本当に、やろうと思えばどんな仕事でもできます。であるがゆえに、来る依頼をただただこなしていると、自分がどこに向かっているのか、何をしたい人なのかがわからなくなってくる。

僕が妄想のようなものであっても、思い描いたその声優のドラマ、声優人生の未来予想図を語るのは、依頼を請けるかどうかを決めるときに、場当たりで判断し続けないでほしいからです。いつもどういう声優になりたいかを意識して行動してほしいんです。

柔軟に行動するなといいたいわけではなく、相手にもよりますが一、二年に一度くらいのペースで話し合いの機会を設けて、思い描いていたドラマの軌道修正もします。「主役からデビューしようと思っていたのだけれども、結果的にモブキャラでデビューしてしまったね。それなら路線を変更して、モブからコツコツと実績を積み重ねて、人気や評価が上がってきたタイミングで主役を取るというドラマにしようか」……というように、軌道修正も具体的な形で話し合います。

マウスプロモーションに所属する声優の多くが、僕とこうした話をした経験があるはずです。それくらい、僕の中では重視している業務なんですね。

イメージできないことは叶わないというのが、僕の持論だからです。

とはいえ、妄想は妄想です。思い描いたドラマが現実化することはほぼないです。でもイメージしていないことが叶うことはありません。イメージをしていれば、その地点に達する可能性が出てきます。野球の打線と同じですね。野球の打線は、一番バッターが塁に出て、二番バッターが送りバントかヒットで着実に前の走者を送り、チャンスに強い三、四、五番がきっちり打って点を取る……という想定のもとに組まれています。でもこの話は、考えてみるとよくわからない話だと思いませんか？　一番バッターの出塁率は、四割あったら驚異的です。三割五分もあれば優れた一番だと言われるでしょう。二番に送りバントの成功率が九割の打者がいて、そのうしろに三割の打率を誇るバッターがいたとしても、想定していた理想の形で点が入る確率は一割くらいです。しかし、打線が繋がる理想の形がイメージできていることで、それを目標に各選手は行動することができる。行動の指針が与えられることで、プレイがしやすくなっているはずです。

つまり、妄想のようなものであっても、その人の今置かれている立場や、行動すべきことのイメージ、今やるべきタスクをきちんと与えてあげることが、マネージャーの大切な仕事のひとつだと僕は考えているんです。

加隈亜衣の「ドラマ」

ケーススタディとして、加隈亜衣（46ページ）の例を挙げてみましょう。

彼女の持ち役のイメージを聴くと、多くの人が柔らかい、幼くて可愛らしい雰囲気のキャラクターを挙げるのではないかと思います。『甘城ブリリアントパーク』の千斗いすずのような低めで凛々しい声は、出せることは知っていても、どちらかというと変則的な役どころというイメージを持たれているのではないでしょうか。最近では後者のような役が増えているのですが、「キャリアを積むことで、もともとは得意ではなかったいすずのようなタイプの役も演じられるように演技の幅が広がったのだな」と考えているファンが多いのではないでしょうか。

実は逆なんです。もともと僕は、加隈の凜々しい声での演技に惹かれて、事務所の所属として迎えることにしたんですね。だから思い描いていたドラマも、凜々しい声が活かせる役を中心としたものでした。人前に顔を出したくないという志向がとても強く、容姿にも自信のない子であることも、その判断には影響していました。

しかし、たまたま最初に受かった大きな役が、ゲーム『シェルノサージュ〜失われた星へ捧ぐ詩〜』のイオン（イオナサル・ククルル・プリシェール）という、「はにゃ〜」「ふにゃ〜」といったふわふわした甘い声が印象に残るタイプの美少女キャラでした。そうした仕事がキャリアのスタートになったからには、ドラマも修正する必要があったんです。

イオンという柔らかい、可愛らしい声のキャラクターで人気が出たことにより、当然ですが、それに近いニュアンスの声を求めるオファーが大量に来るようになりました。それを請けるかどうかによって、加隈のドラマは変わります。僕から提案したのは「もっと違ったお芝居もしてみたいかもしれないけれど、しばらくは求められるイメージの役だけを演じていこう。その流れでアイドル的な仕事が増えたら、それもやろう。そして、イメージが固まったタイミングで、あなたの本来いちばん得意な、凛々しく強い声を使ったカッコいい芝居を見せれば、世間は絶対に驚く」というストーリーでした。

この修正後のドラマは、その後、見事に実現しました。

そして加隈のドラマは、そこから先に進んでいます。

ずっとなんらかの形で演じることを続けたいと願っている子ですから、可愛い役、カッコいい役に続いて、また違った方向性の役もいただけるようになろうという話し合いをしていたんですね。だから最近はお母さん役も演じるようになってきましたし、たとえば複数人のヒロインが登場してグループを組むような作品でも、これまでに演じてこなかったチームのリーダー的なポジション、他のヒロインたちを支えるようなポジションの役を取ってくるようにマネージャーとしては意識しています。

これまでいただいてきたような役柄のオファーを断るわけではもちろんありません。でも、加隈がこれから四〇代、五〇代と歳を重ねても演じられるような役を意識的に請けることで、将来に向けたキャリアを作っていくタイミングが訪れているのだと感じています。とはいえ、実際に四〇代、五〇代になった加隈は、僕が予想しているよりももっと演技のバリエーションが増えて、演じられる役の多い声優になっていそうですが。

マウスプロモーションには、谷育子という大ベテランが所属しています（代表作に『映画聲の形』西宮いと役、『リトルウィッチアカデミア』ホルブルック校長役など）。谷さんは今年で七九歳になられたんですが、僕に毎年、「今年、わたしはお姫様の役がやりたいの」とおっしゃるんです。谷さんの今の主な持ち役は老婆ですから、お姫様役というのはもちろん、半ば冗談なのですが、半ば本気な部分もあります。お姫様を演じたいという野望を持ちながら、老婆の役を誰よりも上手に演じる谷さんが僕は大好きなんです。加隈には「谷さんのような女優になろう」という話をずっとしています。七〇歳を超えても声の仕事が続けられるように生きてほしいと考えていて、いまのところ、彼女はその目標に向けて着実にキャリアを積むことができています。

役はいただくものですから、僕と加隈が思い描いたドラマが、どれだけ彼女のキャリアに影響を与えたのかはわかりません。しかしイメージを持っておくと、数ある仕事の中でも、特に勝負しなければならない、キャリアのポイントになる仕事がはっきりすることはたしかで、その影響力は小さくないはずです。ランナー一塁の状態で打席が回ってきた二番バッターは、やはりそうではない打席と気合の入り方が変わるのと同じです。

目の前にある仕事をただただひたすらこなしていくうちに、気がついたら世の中に飽きられて、声優業界からいなくなってしまう。仕事の芯になるようなものが、その人の内側にもないし、世間的にもない。そうならないように、声優のキャリアに筋道をしっかりと付けること、人生のドラマを作ることが大切なのです。

この章の冒頭に書いた「声優にはマネージャーが必要」という「確信」の理由は、ここにあります。

先に述べたように現状の声優業界はバブル状態で、選ばなければとにかく仕事はあります。ソーシャルゲームの流行に、動画配信サイトの隆盛にともなう吹替仕事の急増、ほかにも様々な案件が山積みです。しかし、バブルは絶対に弾けます。そして人間は絶対に年を取ります。どこかで業界全体の仕事の総量が減るタイミングはやって来るでしょうし、どんなに人気のある声優であっても、いつかは声優業界のメインストリームにはいられなくなる時期がやってきます。どういう形でそのときを迎えさせてあげられるか。そこに至るドラマを考え、実現させるための努力をする点において、マネージャーの価値、マネージャーの必要性があるのだと僕は考えています。

だから、この人はこうなってほしい、あの人はああなってほしい……と、僕は常に自分の関わった声優のドラマを妄想し続けています。大切な仕事として。

しかし、昨今の声優のマネージャーには、自分なりのドラマを妄想し、担当声優とやりとりをすることができていない人が多いように見受けられます。あえて嫌な言い方をするならば、「仕事をやった気になっている」マネージャーが多い。たしかに今、一昔前に比べて業務が増加の傾向にあり、マネージャーが忙しいのはわかります。単純な仕事量だけをみれば、むしろどのマネージャーも、大変な仕事をちゃんとやっているといえるでしょう。

でもそれだけでは、マネージャーは仕事をしたことにならないし、何より、そんな仕事はつまらないはずですよ。

いろいろなプロデュースの方法を声優一人ひとりのために考えて、いっしょにドラマを紡ぐことこそが、マネージャーの仕事の醍醐味です。でもその域に達する余裕がないくらい、日々の業務に忙殺されてしまっている。

声優にとっても、自分の人生のドラマを共有できるマネージャーと出会えるのは幸せなことです。すべての目標を自分で定めなければならない状況と、将来の目標について話し合える誰かがいる状況では、圧倒的に後者のほうが魅力的でしょう。余計なことに気を取られる時間も減らすことができて、仕事が楽にもなるはずです。

そんなマネージャーに出会える人と出会えない人が分かれてしまう。この不幸は、いつかなんとかしたいと思っています。この本を出すのは、その第一歩です。

4.「マネージャー」はつらいよ

マネージャーの永遠の格言

「仕事があるのは役者のおかげ、仕事がないのはマネージャーのせい」

まえがきでも触れましたが、これは声優のマネージャーであれば、どの事務所の人間でも知っている格言のようなものです。意味は文字通りです。「格言」というより、もしかしたら「自虐ネタ」と呼んだほうが正確かも知れませんが、いずれにせよ、おそらく声優のマネージャーという職業がこの世にある限り、永遠に語り継がれる言葉でしょう。

「営業マン」としての仕事こそが声優のマネージャーにとって本質的に重要な業務であり、それを意識せずにマネージャーとして働いても意味がないし、おもしろくない……前項までそのようなことを書いてきましたが、「仕事があるのは役者のおかげ、仕事がないのはマネージャーのせい」という視点も、マネージャーとして働く上では意識しておく必要があります。

担当している声優が素晴らしいから仕事が持ち込まれているのか、声優のマネージャーがしっかりと営業をしているから担当声優に仕事があるのか、簡単に判定することはできません。くわえて、どう考えてもマネージャーの力で仕事を取っていると思える場合でも、声優が「自分の力で仕事が取れた」と思うことで自信を持ち、力を発揮していることはよくあります。その際に、わざわざ訂正する必要があるでしょうか。

声優のように表に出る仕事をする人たちには、どこかしらナルシストな側面はあります。考えてもみてください。人前で堂々とできない人が、人前で役を演じることができるでしょうか。自信があることは声優にとってはプラスの材料なのです。しかしナルシストほど、仕事の成功は自分のがんばりに由来していると考えがちなものです。そう考えているだけならばいいのですが、発想が逆方向にまで進んで「この成功は自分の実力なのだから、マネージャーは仕事をしていない」という考えにまで至ってしまうことも多々あります。そして仕事が多くあった時期にマネージャーがした努力は忘れられ、仕事が少なくなった理由はマネージャーの努力不足ということになるわけです。

そんな扱いを受けてもマネージャーは文句をいいません。とはいえ、マネージャーも人間です。人間である限り、他人に褒められたい、称賛されたい、ありがとうと言われたいといった承認欲求はあります。でもマネージャーが承認欲求を満たせる機会は、先述したように自分の仕事の成果が担当している声優の人気や実力によるものか、自分の努力によるものなのかを判断する方法がないので、滅多にない。そこで不幸が起こってしまう。

声優の実力に付随して発生した仕事を、マネージャーが自分の手柄だと思いこんでしまうケースがあるんです。

そうなった場合、残念ながらそのマネージャーは長くは仕事を続けられません。

こうした増長するパターンは、マネージャーになって三年目から五年目くらいの、中堅の人に多いです。

僕の考えでは、これが声優のマネージャーを育成する上でのいちばんの問題点です。

アニメ業界は慢性的に人手不足だといわれています。アニメーターの人手が足りないことはよくニュースになっていますが、そのほかのセクションも人は足りていないし、声優にしても数は山ほどいますが、まともな実力と人気を備えた人は一握りです。そして声優のマネージャーも率直に言えば、人手不足です。マウスプロモーションだけの話ではなく、業界全体でそうした傾向があります。

現在、声優のマネージャーでキャリアが一〇年を超えていて、現場で仕事を続けている人はほとんどいません。そこそこ大きな事務所でも、ひとりからふたりいればいいほうでしょう。それ以外の人は現場を離れ、マネージャー部門の管理職になられているケースが多い。青二プロダクションさんや81プロデュースさんのようなかなりの大手声優事務所になるともう少し多いかもしれませんが、それでも扱う声優さんの数に比して、一〇年選手の現場マネージャーは足りているとは言えない状況のはずです。

そうした状況ですから、キャリア五年目以下、下手すれば三年目くらいから、声優のマネージャーはベテランのような扱いになってしまう。

そうすると、何もしていないのに仕事をした気分になってしまうんです。

想像してみてください。新卒で入社して三年目ぐらいの若者が、マネージャーとしてたまたま人気声優を担当することになった途端、その声優に仕事を頼みたい、すでに頼んでいるまわりの人から頭を下げられる立場になってしまうんです。そして実際に、人気声優ですからどんどん仕事の依頼が来るでしょう。「仕事があるのは役者のおかげ」と自分に言い聞かせ、身構えていなければ、「自分は仕事ができている！」と思い込んでしまうのは当たり前のことではないでしょうか。

こうした若者たちのことを、僕はあまり悪く言えません。

ただただ、可哀そうだなと思います。

なぜならその人は、人気声優の担当を外れた瞬間に、何もできない無力な自分に直面させられるからです。

自分が人気声優の名声で楽をしているだけだと全然気づかないほど、本当に馬鹿なマネージャーであれば、それはそれでいっそ大丈夫なのかもしれないです。でも、そこまでの大馬鹿はなかなかいませんよ。キャリアを重ねるうちに、どこかで真実に気づいて虚しくなってしまう。ただただ日々の仕事で忙殺されていく中で、「自分は何をやっているんだろう？」と感じてしまうときが来ます。

これを避けるためには、担当した声優とふたりでよく話し合い、声優人生の「ドラマ」を思い描き、それを実現していくことの楽しさと難しさを味わうことが必要なんです。なんとなく、事務的な作業をこなすだけで仕事をやっているような気持ちになっていると、いつか泥沼にはまりこむ。そうした現象がどこの声優事務所でも起こっているように、僕の目には映っています。

マネージャーが必要とされているのに、育ちづらい環境になっているんです。

マネージャーを育てるために

僕がそうした人材不足の問題を少しでも解消しようと実践しているのは、若いマネージャー陣に定期的に「絶対に声優たち本人には言わないから、誰をどういう風に売りたいと思っているのか、素直な気持ちを話してごらん」と問いかけることです。そうした機会を通じて、ドラマをイメージする力を磨いてほしいんです。

担当したいと願った相手と実際に仕事はできなかったとしても、自分の中に「こういう声優を、こういう風に売りたい」というイメージを持つことが大切なのです。その経験がない子は、どこかで仕事がしんどくなってしまいます。もちろん、マネージャーは特定の声優を贔屓《ひいき》してはいけません。担当を任された声優が誰であろうと、任された仕事を果たすことが必要です。でも、そうした大前提は踏まえた上で、自分のやりたいことを胸に抱いていないと、どんどん心が苦しくなっていくんです。

僕はその点では幸い、担当する声優に恵まれてきました。一緒にキャリアを積んでいく過程で、声優のマネージャーという仕事の醍醐味をいっぱい味わわせてもらったんです。だから僕は本音で「声優のマネージャーは楽しい」と思えています。その気持ちを、下の世代にもきちんと手渡してあげたい。そうしないと、申し訳ないんです。

ただ、念のため補足しておくと、すでにキャリアのある人気声優を担当せず、新人を育てないとダメだ……という話ではないんです。たまたま僕はそういう仕事が得意でしたし、好きな仕事も、まだキャリアの浅い、若い声優を売り出していくことだったので、どうしてもそうした書き方が強めに出てしまっているかと思いますが、そうでなくてもいい。

声優がキャリアの途上にあるとき、マネージャーにできることは大きく分けて三つあります。

ひとつは僕のようにまったくのゼロ、誰も知らない、まだ何もできないような新人を最低限の仕事ができるレベルにすること。これは「ゼロをイチにする仕事」と整理できるでしょう。

次がイチの部分、最低限の基礎がある声優を、大勢の人が知っている、一〇くらいの人気と実力を持った声優にすること。「イチを一〇にする仕事」ですね。

そして最後のひとつが、中堅クラスまで辿り着いた声優を、国民的大スターに登り詰めさせること。これは「一〇を一〇〇にする仕事」です。


それぞれの伸び幅は一、九、九〇ですが、この数字の重さはほぼ一緒だと僕は思っています。そして、どの過程に情熱を傾けられるかは、人によります。自分が得意な、やる気の湧くことを上手に見つけて、きちんとそれに即した仕事のイメージを持つことが大事です。そして、できることなら声優とふたりで話し合い、そのイメージを実現させるための努力をすることで、マネージャーとして大切なものを手にすることができるはずです。

マネージャーが育てることも必要

補足すると、声優との話し合いにおいては、時にはマネージャーが言うべきことをきちんと声優に告げることも重要です。

さきほど述べた通り、声優は自信を持つことが大切なのですが、人から仕事をもらい続ける立場でもあります。「仕事があるのは役者のおかげ」というような意識があまりにも前面に出すぎると、沢山の人に好かれることはないんですよね。まずマネージャーの気持ちが離れてしまいます。そこはマネージャーも、心を持ったひとりの人間ですから。いくら「仕事があるのは役者のおかげ、仕事がないのはマネージャーのせい」と言い聞かせていても、限度はあります。

そうしてマネージャーの心が離れると、たとえ素質のある声優であっても、仕事の中で孤立してしまいます。やがては世間にもその空気が伝わっていくんですね。いわゆる「お山の大将」状態になってしまって、人気があるうちはまだいいけれども、いざ人気という梯子《はしご》が外されたときに、業界からそっぽを向かれ、ファンの多くからも見放されてしまう。そうなるともう、どうにもできなくなってしまうんですよね。

マネージャーの仕事には、そうした「お山の大将」になるのを防ぐこともあると僕は思います。声優としての能力が高いからそれでいいとは考えない。できないことは補うけれども、声優とマネージャーはあくまでコンビ、片方が片方に完全に依存しているわけではないと思ってもらわないと、仕事は円滑には行えないんです。

マネージャーの言うことを声優が一〇〇％聞き入れる必要はないけれど、逆もまた然りです。お互いに五分五分の関係で話ができないと困る局面はあり、声優が自信を持ちすぎてそのバランスが崩れてしまうのはよくない。そうなりかけたときに諫《いさ》めることもマネージャーの仕事のうちです。

そのための方法は、とにかく話す機会を増やすことです。地道な積み重ねが必要です。話す内容として僕が意識的に選んでいるのは、その人が仕事を手にすることができるまでの道筋をはっきりさせることですね。どうしてその声優に仕事が来たのか、説明します。たとえば「この作品の監督はあなたが以前出演していた別作品を観ていて、そこでの演技を気に入って呼んでくれたんだよ」とか、「この仕事のプロデューサーは、マネージャーである僕と昔からの知り合いで、それであなたに声をかけてくれたんだよ」とか、僕はそうした事情をかなりさらけ出してしまいます。下手に隠してしまうと、声優はすべて自分の実力から来ているのだと勘違いしてしまいがちだからです。当然、マネージャーの営業努力とは関係なく純然たる実力でもって任された仕事に関しては、そのように説明します。

こうした話をするのは、声優たちに自分の出演する作品に関わる人たちの顔が見えるようにしてあげたいという理由もあります。それを知ることで意識が変わってくるんです。

こちらから教えなくても、たとえば監督や、原作ものであれば原作者の先生のことくらいは声優たちは意識します。しかし原作を生み出す過程には編集者がいて、その人たちはアニメ化でも尽力していて、作った作品を売るためにはパッケージを販売するメーカーの営業の人ががんばっている……みたいなことまでは、会う機会でもないとなかなか意識できないんですね。アニメの映像を作る工程にも、監督だけではなく、作画をする人を手始めに、膨大な役職のスタッフが関わっていることは、頭ではわかっているかもしれませんが、なかなか意識するところまでは行きません。

「声優が声をあてる」というひとつの仕事が生じるまでに、どれだけの人が仕事をしていて、それを背負って演じるというのはどういうことなのか……それが意識できるように、可能な限り、その世界を見せてあげるんです。だから、マウスプロモーション所属の声優たちは、アニメの作り方にすごく詳しいですよ。養成所の授業で絵コンテ（アニメを制作する上での画面の設計図にあたる素材）まで描かせますからね。アニメを作ることがどれだけ大変なのか、その一端だけでも、身をもってわかってもらうようにしています。

声優業界というか、音響関係の業界はよく村社会だと言われます。同じ作品に関わるスタッフとして、さまざまな業界の人がいるにもかかわらず、すぐに声優だけ、音響関係者だけでやりとりを完結させてしまうんです。僕はそれはよくないことだと思っているんですね。少なくとも声優業界・音響業界はアニメ業界の一部でしょう。そうした意識を持たずに生きていると、声優業界・音響業界で井の中の蛙《かわず》になってしまう。

声優のマネージャーは偉そうにしてはいけません。担当している声優の活躍があってこそのマネージャーという意識は必要です。でも自分が担当している声優を増長させすぎるのもダメで、声優たちが社会の中で生かされていることを忘れないように、常に気を配り、導く意識を持つ必要があります。

5. それでも、僕は「マネージャー」

少し厳しい話になりました。それでも、繰り返し書いておきたいのですが、僕は「声優のマネージャー」という仕事が大好きで、多くの人に、ぜひこの仕事に就いて欲しいと思っています。今の僕はマウスプロモーションには所属しておらず、肩書としては声優のマネージャーではありませんが、どんな肩書になろうと、どんな立場にあろうと、僕の仕事の根底にある意識は「マネージャー」なのだと感じています。手がけた声優たちのことは気にかけていますし、そうでない人たちのこともマネージャーとしての意識でどこか見守っている感があります。

それはやはり、自分には特別な才能がないと知っているからです。

幸いにも今、僕はいろいろな職種を手がけさせていただいています。音響監督もやれば、ドラマＣＤなどのシナリオを書くこともあります。イベントやラジオの構成台本を書くこともありますし、これ以外にも細かい仕事をたくさん引き受けています。こうして今、あなたが読んでくださっている本を書いている仕事も、そうですね。

でもそれは才能を認められてやっているというより、必要に迫られてやっているものが多いですし、自分の身体を用いて何かを表現する声優たちの才能と比べたときに、自分がやっていることは比べるのがおこがましいほどに大したことではないと思っています。

声優は、たったひとことの「おはよう」という言葉で聴く相手を感動させる、涙を流させることができます。それはもう、理屈を超えた能力です。僕がどんなにロジックを捻ろうが、同じことはできない。そんな人たちの隣にいられて、自分では絶対に見られないような「景色」を見せてもらえる。マネージャーというのはそんなありがたい立場なんです。

僕ひとりでは富士山の五合目までしか登れないのかもしれない。五合目の景色だって十分、何も苦労をせずに見る地上の景色よりも素敵なのかもしれないですが、やはり頂上のほうが景色は綺麗なはず。

僕は何をどう努力しても、富士山の頂上にはひとりでは登れない。一方でおそらく声優の多くも、類まれな能力と引き換えに足りない部分があって、やはりひとりでは富士山の頂上に辿り着けないはずです。でも、そんなふたりが合わさったら、頂上の景色を目指すことが可能になるんです。そして、ふたりで頂上に辿り着くことができたら、そこで味わう景色はきっと、ひとりで見るものよりもはるかに素晴らしいはずです。
声優とマネージャーにとっての富士山……日本一登るのが大変な何かを、まだ僕は知りません。でも、これまで何度も、ひとりでは乗り越えられない壁を、担当した声優とふたりで乗り越えてきました。そんな僕だからいえます。
ひとりでは味わえない、ふたりだからこそ経験できる深い達成感は、この世界に確実にあるのだ、と。

また素晴らしいのが、声優というのは多くの人を喜ばせられる仕事だということです。声優のマネージャーは、まず何より担当した声優の喜ぶ姿が見られて、そして、声優を支えることで大勢の人の喜ぶ姿を見ることができます。しかも、誰よりも真近で目撃することができるんです。最高ですよね。

この原稿を書く少し前にも、『天使の3P《スリーピース》!』という作品のライブイベントがありました。この作品はバンドものの作品で、イベントでは出演した声優たちが本当に演奏しながら曲を披露したのですが、それを見ていて、僕はうれしくて本気で泣いてしまったんです。

もちろん、広いイベント会場にお客さんがたくさん入ってくれたのもうれしかったですよ。でもそれと同じか、ひょっとしたらそれ以上に感動したのが、ステージに立った大野柚布子（28ページ）の笑顔でした。

泣き虫で、バンドの練習をするときにも毎回泣いてしまうような子です。それを宥《なだ》めて、落ち着かせて、一年半かけて準備を重ねてきたのですが、本番前日の練習ではそんなことを忘れたかのように怯えてしまっていたんです。そんな大野が本番でステージの真ん中に立って、歌いながらニコッと笑った。その瞬間に号泣でした。自分の苦労を思い出したからではないですよ。それもゼロではないのかもしれませんが、何より、もともと人見知りで、人前で何かするのは無理だと考えていたような子が、何千人の前で歌うことにおもしろさや、楽しさを感じている。これまで見たことがなかった景色を見て、素直に喜んで笑っている。その視界が共有できたから感動したんです。

がんばることで、楽しい世界があることを知った。そんな人間の成長する様子を、まざまざと見ることができた。子どもの部活の大会を応援する親御さんの気持ちに近いのかもしれません。僕の場合は、大会にこそ出場しませんが、自分もその部活の練習に当事者として参加させてもらえるわけですから、より感動は大きくなりますよね。

こうした瞬間、そのときに抱いた気持ちを忘れない限り、僕は「マネージャー」であり続けられます。

そしてぜひ、多くの人にもこの気持ちを味わってもらいたいと、本気で思っています。

第3章

声優のマネージャーが考える「仕事論」

これまでの章で僕は、声優とそのマネージャーの仕事の内容について書いてきました。

ここからは、そうした仕事をする上で大切な考え方、心構えについて書いていこうと思います。僕がこれまでの人生を通じて考えてきた、いわば「仕事論」のようなものです。

大切なことは、大きくまとめて二点です。

自分の「好き」なものを仕事にすること。

そして、「運」に頼らずに仕事をすること。

……順番に考えていきましょう。

1.「好き」を仕事にしよう！

僕は今、人生がわりとハッピーです。

もちろん、社会人として嫌な思いをすることもあります。しんどい瞬間もあります。でも、毎日の暮らしの中で起こっていることから総合的に判断した場合、僕は楽しく生きられています。

それは好きなことを仕事にできているからです。

世の中のいろいろな人が「いちばん好きなことは仕事にしないほうがいい」と口にします。僕はこの考え方には真っ向から反対です。いちばん好きなことは仕事にしたほうがいい。ただ、自分にとって「いちばん好きなこと」がなんなのかは、よく考えたほうがいいです。

自分の「好き」の本質に、あなたは気づけていますか。
あなたの「好き」は本物ですか。

「好き」を知る＝「自分」を知る

自分にとって何が「好き」なのかを知ることは、「自分」を知ることに繋がっています。だから実は、「あなたのいちばん好きなものはなんですか？」という問いかけは、「あなたは自分のことをどれだけ知っていますか？」というのと同じなんですね。

たとえば、僕が教えている声優養成所に通っている生徒たちに、「みんなはどんな声優になりたいの？」と聞くと、「人気声優になりたい」「いっぱい仕事がしたい」という答えが多いです。さらに理由を深掘りすると、「声の仕事が好きだから」「アニメが好きだから」「演じることが好きだから」という答えが返ってくる。その言葉は嘘ではないでしょう。でも、突き詰めて考えているとは思えない。

たとえば「演じることが好き」と答えた人は、お客さんがほとんどいない場所で最高の演技ができたら満足でしょうか。そういう人も世の中には稀にいます。他人に見せることが目的ではなく、とにかく何か、自分の内側にあるものを表現することが好きなんです。

でも多くの人はそうではないでしょう。「演じることが好き」というのは、おそらく「大勢の人の目に触れる形で演じることが好き」なのではないでしょうか。特にアニメのキャラクターの声を演じたいという人には、それを通じて多くの人に自分の声に、演技に触れてもらいたいという気持ちがどこかにあると思います。

であればその気持ちは、「演じることが好き」という言葉では表現しきれていないのです。自己承認欲求を満たしたい、褒められたい、称賛されたい、偉い人になりたい……そういう気持ちが自分の中にあり、そのための手段として演技を選択しているだけではないのか。そこまで自分の気持ちを掘り下げてみてほしいです。

誤解してほしくないのですが、今挙げたものが不純な動機だと責めたいわけではありません。人間の目標はそれぞれで、動機が何であろうと、それだけで問題になることはないです。僕がいいたいのは、ただ、自分が自分のことを誤解しているとしんどいよ、ということなんです。

好きなことを仕事にしているつもりで、実はそうではない人は、まずキャリアのどこかで壁にぶち当たります。

「好き」のレベル

僕は声優養成所の入所試験の審査もしているのですが、履歴書に「好きなこと：アニメ鑑賞」と書いてある人はとても多いです。

しかし面接で具体的な作品名を挙げてもらうと、たとえば『ONE PIECE』しかタイトルが出なかったりする。それはどうなのでしょう。

もちろん、『ONE PIECE』の内容に文句があるわけではないです。また、本当に『ONE PIECE』のことが大好きで、作品について語りだしたら話が止まらないような人であれば、「好き」と書いてもまったく問題はありません。問題なのは、アニメ鑑賞が好きだ、趣味だと言っているような人であるにもかかわらず、知っているタイトルが『ONE PIECE』だけという類の人です。忙しくて、今放映されているアニメは『ONE PIECE』以外は知りません……この程度の気持ちで「好き」だと思ってしまうのは、大いに問題があります。

自慢のようになってしまいますが、僕はかなり忙しいスケジュールで動いていても、相当な数のアニメを観ています。少なくともそのクールに放映が始まった作品の第一話はほぼ全部観ていますし、その中から気に入ったものは、継続視聴します。続けて観る作品は結構多いですよ。それは仕事のためという意識ももちろんありますが、とはいえ義務感だけでやっているわけではありません。観たいから観ている。だからしんどいと思ったことはないですね。

仕事で丸二日徹夜したあと、フラフラで家に帰ってからもアニメを観ているのは、傍から見たら異常だと思います。次のスケジュールを考えたら、早く寝たほうがいいに決まっていますからね。でも気持ちを抑えられないんです。「好き」という気持ちは、極論をいえばこのような理屈ではない要素のあるものではないでしょうか。そして、これくらい「好き」なものだったら、仕事にしてもしんどさを感じません。

だから僕はアニメに関わることのできる仕事、声優のマネージャーという仕事に就けている今、ハッピーなんです。

声優も同じです。入れ替わりの激しい声優業界で長いあいだ生き残り、仕事を続けられている人たちは、自分の仕事が「好き」です。

もちろん「好き」の理由はいろいろですよ。演じることが好きな人もいれば、人の前に出て目立つことが好きな人もいれば、もっと他の理由を持った人もいます。いずれにせよ、自分の「好き」を理解できていて、それをずっとキープできている。だからこそ、飽きることなく仕事が続けられている。逆にいえば才能があるとか、人気が落ちないとか、そうした理由で嫌々だけれども仕事を続けているといった声優を、少なくとも僕は知らないですね。

「好き」であり続けること

これは声優業界に限らないでしょう。

前述のとおり、僕の前職はシステムエンジニアでした。恩師に「目一杯好きなことよりも、自分が得意なことをやったほうがいい」と言われて、就職を考えるときにそういう選択をしたんです。勤め先は東証二部に上場しているような大きな会社で、大銀行のシステムなども組んでいました。自分で言うのもなんですが仕事はできましたし、社内での立場も認められていました。そのまま勤め続けることに大きな不満はなかったです。

ですが、不満こそなかったものの、ハッピーではありませんでした。単にできることをやっていただけですからね。もしあのまま我慢して勤め続けていたら、システムエンジニアとしてかなりの技術まで身に着けられた自信はあります。出世もしていたでしょう。でも幸せになれていた自信はありません。それ以前に、仕事が続けられていたかも怪しいと思っています。やる気を完全に失って、どこかでおかしくなっていたのではないでしょうか。

何度も繰り返し書いていますが、仕事の中には、どうしてもやらなければならない嫌な業務もあります。その「嫌なこと」で侵食される程度の「好き」では、働き続けることはできません。「好きなことを仕事にしないほうがいい」という言葉が本当に伝えたいのは、そういう話だと思います。

また、嫌なこと以外にも「好き」を侵食するものはあります。たとえば「満足すること」です。ときどき見かけるケースですが、そこそこの技術があって、一、二本くらいのアニメで主役や、それに準ずるような大きな役をもらえた声優が、そこで満足してしまう。そして仕事に対する貪欲さがなくなり、いつのまにか業界から消えてしまう。遊園地にあるアトラクションが好きだからといって、毎日辛かろうが、体の具合が悪かろうが乗り続けても楽しいと言える人は珍しいですよね。それがどんなに楽しいアトラクションであっても、普通の人の感覚では、かなり厳しいでしょう。どんなに好きでも、毎食ステーキやトンカツを食べ続けるのも大変ですよね。そうした話と同じです。

嫌なことをやらされても削られてしまうことがなく、逆に成功しても目減りすることのない「好き」。これは狂気に似ています。つまるところ、仕事を続けるには狂気がいるというのが、僕の持論です。

僕は仕事をしていてハッピーですが、全然この仕事に興味のない人から見たら、やっていることはすごくつまらなく見えるはずですよ。関係各所に電話して、声優のスケジュールを調整して、台本をチェックして、VTRを確認して、声を入れるタイミングを考える……そんな作業の繰り返しですからね。だけど僕からすれば、日々のルーティンの中のちょっとした差や、その行為ひとつひとつの積み重ねで何かが出来上がっていくワクワク感、手がけている声優がもうひとつ高いステージに上がれるかもしれない予感などなど、この仕事を通じて感じる手応えのすべてが楽しいです。全然飽きません。もう一〇年以上やっていますが、これからも、いくらでも続けられます。

種類はなんでもいいので、みなさんも何があってもブレない、強くて重い「好き」を見つけてください。

「他人」と生きる

僕自身については、ここまでもアニメが好き、声優が好き、人が何かを演じることが好きだと書いてきました。そうしたひとつひとつのことにも嘘偽りはありませんが、もう少し思考を突き詰めると、こう言えます。

僕は他人を喜ばせることが好きなんです。

自分がこれまでやってきたことと、続けられなかったことを比較すると、大勢の仲間と一緒になって何かを作り、仲間を喜ばせて、さらに作ったものに触れた誰かが喜ぶ姿、笑っている姿を見ることが好きなんだと感じられます。そのためだったら、自分がどれだけ苦労をすることになっても気にならない。誤解をおそれずにいえば、僕が仕事にしていることは、全部他人を喜ばせる手段なんです。

でも他人は、思い通りにならない存在です。正直、関わるのが面倒くさいときもあるでしょう。だけどやはり、自分と違う感性や力、テクニックを持っている相手と力を合わせると、ひとりではできないものができる。第2章の最後にも少し書いたことですが、そのことが僕にはとにかく面白いんです。

しかも他人は世の中に無限にいるので、飽きることが絶対にありません。さらにいうと、僕は自分を稀有な才能をひとつも持っていない人間だと思っていますが、唯一、これだけは持って生まれた才能として少しは誇ってもいいと感じているのが、他人をレッテルで判断しないことなんです。別に若かろうが、年を食っていようが、偉かろうが、気にしません。男女もほとんど気にならないです。

これは今の仕事に就く前からそうなんです。親に言わせると、小学生のころから、ほかの子たちが避けるような相手ともフラットに接する子どもだったそうです。自分では記憶にないのですが。そのころからずっと、僕は他人の良いところを探す能力が高かったらしいです。たしかに今でも、どんな人を相手にしても、褒め言葉が出てこないことはあまりないです。少し考えれば必ず何か、相手のよいところを思いつきます。そうしたこともあってか、「あの人と付き合うのは難しいよ」などと陰で囁《ささや》かれているような人が相手でも普通にやりとりができますし、そうした人と仕事をしてみて、困った経験もありません。

そんな人間なので、人付き合いのための努力らしい努力をしたこともないのですが、ただひとつ努力だといえることがあるとすれば、自分の携わっている仕事に関わることはなるべくなんでもできるようにすることです。他人とコンビで動くことしか考えていないので、組む相手の得意なところが活かせるように、その人の中で平均点以下の能力しか出せないところを埋めてあげられるようにしたいんですね。それだけは意識しています。埋められる業務が増えれば、上手に組むことのできる相手も増えますしね。僕は何かの分野で平均点以上の能力を身につけることはできないのですが、能力を平均点まで持ち上げるのは得意なんです。そして平均点以下のものを平均点にするより、平均点以上のものを伸ばしたほうが、何かの世界で頂上は目指しやすい。自分が支えることで、誰かが頂上を取りやすくなるのは素晴らしいことではないですか。

僕は仕事関係の人から「なんでも屋」といわれることが多いのですが、最初からそうなることを目指していたわけではなく、いろいろな人と仕事がしたくて、関わった人たちそれぞれの欠点を補い続けようとした結果としてそうなったんです。この考えは仕事に限らず、対人関係全般で結構役立つと思いますよ。自分にできることが多いと、他人のできないことが気にならなくなりますからね。そうすると、相手の特別なところ、プラスに思えるところしか意識しなくなって、人と付き合いやすくなるんですよ。

「好き」の見つけ方

狂気にも近いほど「好き」なことはどうやったら見つけられるのか？　そんな疑問を持った人もいるでしょう。

その点については、僕はとにかくいろいろなことをやってみるしかないと思います。子どものころからずっと、何かひとつの物事に賭けて、ずっとそれをやり続ける……そんな生き方は美しいですが、できる人はすごく幸福な人だと思います。幼い時期に、いきなりその人にとっていちばん適した何かに出会えるような幸運は、世の中の大半の人は持っていないでしょう。

僕は子どものころから学生時代を経て、社会人になったばかりのころまで、基本的になんでもやりたがる人でした。なんでもかんでも手を出しましたよ。他の人に何かをやらないかと声をかけられたとき、やったことがないからという理由で断った経験はまずありません。スポーツもやったし、文化系のこともやったし、恋愛的なことも一通りやりました。ここには書けないようなことも含めて、良いことも悪いことも大量にやっています。

そうやって一通りの物事を経験すると、ひとつひとつが淘汰されて、段々と自分が面白いと感じる、テンションが上がることが何なのかがわかってくるんです。

もともと僕は小学校のころから、親の影響でゴルフをやっていたんです。大学に入るまで続けていたので、六、七年はやったでしょうね。それなりに上手かったですよ。でも、あまりハマりませんでした。その理由を後年、考えてみたことがあったんですが、やはり個人競技だからだと思いました。ゴルフのほうが上手いけれど、下手でも友達と野球をやっているほうが好きだったんです。

ゴルフのあとにはスキーにもハマったんですけど、この理由はシンプルで、当時好きだった女の子がスキーがとても上手だったからです。その女の子は上手すぎて、一緒のコースを滑ることのできる人がなかなかいないくらいだったんですよね。経験のない人も想像してみるとわかると思いますが、スキーは個人競技とはいえ、ひとりで雪山を滑るのは寂しいものなんです。だから「好きな子に近づきたい」みたいな下心というよりも、彼女が寂しい思いをしてしまうのが残念だと思ってスキーにのめり込んだんです。つまり僕のスキーへの関心は、スキーで滑ることそのものが好きなのではなく、他人と一緒にスキーをやりたい、他人とやるスキーが楽しいという形での「好き」だったんです。

小学生のころには小説みたいなものを書いたこともありましたし、学生時代、演劇に少し関わったときには脚本を書いて、照明や衣装といった裏方仕事もしました。

演劇に関わったのも本当に偶然で、高校のときに、腕を壊してゴルフがやれなくなった時期があったんです。それで暇だったときに、学校で演劇をやっている人たちから手を貸してほしいと声をかけられて、ろくに知識もなかったのに手伝うことにしたんです。やってみたら意外と面白くて、それから演劇方面にも興味を持つようになった。もしあのとき、「いや、俺はスポーツをずっとやってきた人だから、文化系のものはちょっと……」などと断っていたら、声優に興味を持つこともなく、未来は変わっていたかもしれません。

そういう形で、本当にいろいろなところに首を突っ込んでいたので、付き合っていた友達も様々なタイプがいました。学校の中だと、なんとなく趣味や性格の合う／合わないでグループ分けみたいなものができてしまいがちですよね。僕はそういう垣根があまりなかったんです。どこのグループにも所属していないけれど、どこのグループとも関わりがある……みたいな感じでした。

クラブで踊るような人たちとも付き合いがあったし、アニメやマンガの好きな、今でいうオタク趣味な人たちとも付き合いがあったんですよ。

システムエンジニアの仕事にしても、システムを作り上げる作業は仲間と集団で行うものですから、その意味では僕に合っている仕事でした。ではどうしてそこまで好きになれなかったのかといえば、手がけているのが銀行やカードの決済の仕組みだったので、世の中に出ても結局、自分の作ったもので見ず知らずの他人が喜んでいるところを見られないからでしょうね。仲間内だけで「無事にできあがってよかった」と喜んでいるだけでは、「他人を喜ばせたい」という僕の根幹にある気持ちを満たすには不十分だったんです。あとから考えてみれば。

他人と何かをすることが好きで、さらに、作り上げたものは外に出るものがいい。自分はそういうものが「好き」なのか……と、ようやく気づけたのは、二七歳のときです。システムエンジニアからマネージャーに転職して声優業界に入ったのがその年齢ですからね。子どものころからひとつのことに打ち込んでいる、スポーツ選手やアーティストのような人からしてみれば、遅い気付きでしょう。

よっぽどの幸運がない僕のような人は、大概のことはやってみて、いろいろな人と付き合うことでしか見えてこないものがあるんです。やってみて合わないと思ったら辞めていいですが、やる前から合わないと決めつけるのはよくないです。とにかく、自分の中で何かが見つかるまで色々やってみないと、自分の「好き」はわからないんですよ。

2.「運」に頼らない生き方をしよう

簡単なクイズを出しますね。ひっかけ問題ではないので、素直に考えて答えてみてください。

一％の確率で当たるくじ引きがあります。これを一回引く人と一〇〇回引く人では、どちらのほうが当たる確率が高いでしょうか。

答えは「一〇〇回引く人」です。あまりにも当然の答えで、クイズになっていませんね。

でも、この当たり前の正解を知っていながら、実行できない人がいます。

一〇〇回くじを引くための努力

「声優が売れるかどうかは努力の問題ではない、所詮は『運』次第だ」こんなことをもっともらしく言う人がいます。声優当人にもいますし、マネージャーを含む周囲の関係者にもいます。完全に間違っているとはいいません。たしかにそういう側面があることも事実です。

しかし僕は、この言葉を免罪符のようにして、努力の余地があることをやっていない人が多いのは問題だと思っています。

声優が売れるかどうかは、よい作品に恵まれるかどうかに大きく左右されるのは事実です。そして、よい作品に出演できるかどうかはたしかに「運」です。出演することのできた作品が、たまたま話題作になる確率を、声優やそのマネージャーが変えることはできません。他の誰にもできないでしょう。しかし、出演する作品の数を増やすことは、努力次第でいくらでもできます。

さきほどのくじ引きのたとえで言えば、くじの中に入っている当たりの数は増やせませんが、くじを引く回数は努力で増やすことができる。声優のマネージャーという立場であれば、一〇〇回くじを引かせる努力が必要なんです。それだけの努力をした人にしか「結局、運次第だ」と口にする資格はありません。

たしかに世の中は理不尽です。一％の確率で当たるくじを一〇〇回引いても当たりを出せない人もいます。逆に大した努力もせずに、たまたま一回、偶然くじを引くチャンスを手にしたら、その一回で大当たりを引き当てる人もいます。そういうことを繰り返すうちに、「結局、運だ」と嫌気がさす人の気持ちは、いたいほどわかります。

でも、それだけの努力をしていないのに運の問題にする人が、今の声優業界には多すぎます。

そして、声優のマネージャーがその発言をするのは、本来であれば職務放棄だとみなされてもおかしくないことがわかっていない。これはおかしいです。

レッテルを貼り替える

僕は声優にくじを引かせる方法を考えることこそが、マネージャーの仕事の醍醐味だと思っています。

第2章で書いた「営業マン」としてのマネージャーの話と繋がることですね。だから僕は、今そこにいる声優をどう見せるのがいちばんいい見せ方なのかを徹底的に考えますし、もっと言えば、声優事務所として所属声優になんらかのプラスになるイメージを持たせることも常に意識しています。

　後者に関していえば、マウスプロモーションという会社は、僕が入社した前とあとで変わったと言われます。具体的には外画の吹替が仕事の中心だったマウスが、アニメの仕事が多い会社になりました。でも以前から所属している声優の能力、とりわけ演技が、僕の入社する前とあとで大きく変わったなんてことはないです。当然、時代の流れに伴って新人は入って来ていますが、僕が入社したあとで採用するにあたっての審査の基準を変えたわけでもありません。

　ではどうして変わったように思われているのかといえば、中身ではなく、会社に貼られたレッテルを変えたからでしょう。「外画の仕事しかほとんど請けないマウスプロモーション」というレッテルを、「外画もアニメもやるマウスプロモーション」に貼り替えたんです。

　マウスプロモーションはもともと、外画吹替の業界では評判の良い会社でした。その代わりといってはなんですが、アニメ業界には勝手なイメージが広まっていたんですね。率直にいえば「アニメの仕事なんて馬鹿にしてやってくれないんじゃないか」というものです。そうした仕事のヒエラルキーのようなものに勝手に組み込まれて、よそと同じ声優事務所であっても、アニメ業界とは違う世界の住人だという扱いをされていたんです。

これはつまり、本来であればアニメと外画という二本のくじが声優事務所には引けるはずなのに、片方のくじしか引けない状態になっていたということ。すなわち、声優に仕事を取ることのできるチャンスが減っていたということです。

だから「外画の吹替に強い」というマウスプロモーションの持ったよいイメージを落とすことなく、そのまま「アニメの仕事もやる」というイメージを付けることができれば、それまでと比べて、単純に考えればチャンスが倍になるわけです。くわえて第1章で詳しく書いたように、ニコニコ生放送やイベント出演への対応も他の事務所に先んじて行うことで、チャンスをさらに増やすことができた。チャンスを増やせば、マウスプロモーション所属の声優陣は演技の心配はする必要がありませんし、自然と仕事は増えていくわけです。

たとえば高野麻里佳《こうのまりか》（代表作に『それが声優！』小花鈴役、『ひなこのーと』中島ゆあ役など）は、マウスプロモーションに所属した直後から、演じる仕事がしたい子でした。しかし正直なことをいえば、当時の彼女の演技は、プロの声優に求められる基準は十分満たしているものの、飛び抜けたものがなかったんです。だからいきなり演じる仕事をとってくるのは難しかった。しかし高野は趣味がゲームで、それを活かした配信番組やイベントの仕事を請けることができたんです。そうした仕事をいただいて経験を積みながら、演技にも磨きをかけていった。そうして磨かれたスキルに、イベントの仕事を通じて上昇した知名度が合わさったことによって、今では演じる仕事もとても増えています。

もし僕が、演技の仕事だけを請けるような形で高野をマネジメントしていたら、彼女が努力を積み重ね、同じようにスキルアップしていたとしても、今のような流れは作ることができなかったでしょう。

やや手前味噌ですが、マネージャーのやるべき仕事の一例が、高野のような流れを作ることだと思います。

やれることは全部やろう

やれることはほかにも、いくらでもあります。だから僕はいつも「とりあえずやれることは全部やろう」と言っているんです。マネージャーにも、声優にも、そして養成所の生徒にも言います。

養成所の生徒は、見習いなのですから当然ですが、声の仕事だけでご飯は食べられません。ですからみんなバイトをしています。僕がそのときに話すのは、バイト先の選び方を考えようということなんです。

たとえば、誰とも会話せずに夜中の倉庫で黙々と荷物を積む仕事と、コンビニのバイトがあったとしたら、後者のほうが望ましいです。声を出す仕事ですからね。そして同じコンビニのバイトをするなら、どうせだったら東京都杉並区あたりの、アニメ会社がたくさんある地域の店舗に勤めたほうがいい。立ち寄ったアニメ関係者の耳に、何かの偶然で声が印象に残るかもしれないからです。

その意味で言えば、ufotable DINING（アニメ制作会社・ufotableが新宿で経営している飲食店）のような確実にアニメ関係者が出入りすることがわかっている場所でバイトができたら、もっといいですよね。

当然ですけど、バイト先でアニメの関係者に覚えられる可能性なんて、ほぼゼロに近い確率です。それでも、もしかしたらの可能性にかけて、努力を積んでいく。できない努力はしなくていいですけど、バイト先を選びに選んでみる努力は、誰にでもできることではないですか。五〇％の確率で成功する手段をひとつしか持っていなかったら、成功するかどうかは不確かです。でもたとえば、二〇％の低い確率で成功する手段であっても、一〇個用意できたら、ほとんど一〇〇％の確率で成功する。

最後の最後は運試しになってしまうのだとしても、なるべく論理的に考え、すこしでも成功の確率を高められるような努力を積み重ねる。これを忘れてはいけないのだと僕は思います。

マネージャーはよりこうした意識を持つことが肝要です。

営業先というのは、気を抜くとついつい漫然と、慣習にしたがってやってしまいます。僕が声優のマネージャーを始めたころは、音響監督や音響制作会社（アニメ制作会社などから受注を請け、音響監督の選任やキャスティングなど、音響制作全般の業務に携わる会社）に営業をかけることが定番でした。僕はこれだけをやり続けるのは思考停止だと思ったんです。

というのも、今の日本のアニメはその多くが製作委員会方式（複数の会社が出資し、共同事業として作品を製作する方式）で作られています。つまりは、多くのことが製作委員会を構成するメンバーの決定によって決まります。作品の制作現場に近い立場にあるのは音響監督や音響制作会社ですが、出資関係からいえば製作委員会の決定権のほうが大きいわけです。であるならば、製作委員会のメンバーを務めるような関連各社にきちんと営業をかけるべきではないかと考えるのは、論理的に必然性がありますよね。

僕は常にこうした形で研究を重ねて、どこに働きかければ少しでも担当している声優たちにいい役をもらえるかを考え続けています。


ほかにも、営業のアプローチの仕方や個々の声優の見せ方において、工夫の余地はいくらでもあるはずなんです。でもそうしたことに頭を使わない声優やマネージャーがとても多い。特に口を開けて餌を待っている小鳥のようなマネージャーを見ていると、僕はなんともいえない気持ちになります。

マネージャーは親鳥のようにあるべきです。自分と声優が生き延びるために、なんとしてでも餌を取る手段を考えねばならない。

「運」は努力した者に

大川透《おおかわとおる》（代表作に『ジョジョの奇妙な冒険』ナレーション、『ACCA13区監察課』スペード役など）という声優がいます。『鋼の錬金術師』のロイ・マスタングといえば、声が印象に残っている人も多いのではないでしょうか。二〇〇三年から翌年にかけて放映されたアニメのこの役で、大川はアニメファンのあいだで名前がよく知られるようになりました。

しかしそれは、あくまでアニメファンのあいだでの評価という話です。『鋼の錬金術師』に出演した時点で大川は十年以上のキャリアがあり、アニメ業界、声優業界での評価はとても高い存在でした。大きな役こそありませんでしたが出演作は数多く、上手い声優だとされていた。ひとことでいえば、玄人好みな声優だったんです。コツコツと仕事をやり続けていた結果、ロイという当たり役に出会うことができた。ただ人気が出たというだけではなく、それがきっかけとなって仕事の幅も大きく広がったんです。

努力し続けた者だけが手に入れることのできる何か……僕はこれが本当の「運」だと思います。

もう一例、違うケースを挙げましょう。

安士百合野《やすしゆりの》という人がいます。松嵜麗《まつざきれい》（代表作に『ジュエルペット サンシャイン』水城花音役、『アイドルマスター シンデレラガールズ』諸星きらり役など）と同期で、最初に所属した事務所が解散することになって、松嵜と大原桃子《おおはらももこ》（代表作に『クロスファイト ビーダマン』龍ヶ崎カケル役、『げんしけん 二代目』高坂真琴役など。二〇一六年に声優業を引退）と三人でマウスプロモーションに移籍したんですね。その意味では、キャリアの最初から少し苦労していた子です。

移籍から一年くらい経ったときのことでした。彼女から「舞台がやりたい」という話をされたんです。詳しく聞いてみると、声優をやりながら並行して舞台の仕事もやりたいといった話ではなく、舞台の仕事一本でやっていきたいというのが、本人の意向でした。

マウスプロモーションには舞台を中心に活躍する人も所属してはいますが、舞台を専門にマネジメントしている事務所ほどの本格的なノウハウはありません。ですから、そうした方向性で活動していきたいのであれば、マウスプロモーションにいることは安士のためにならない……そんな話し合いをして、安士は劇団四季に移籍しました。

劇団四季に入ってからは、『ライオン・キング』の舞台に四〇〇回以上出演するなど、活躍していたようです。今は劇団四季も離れていますが、舞台の仕事をしたり、大学や専門学校で教えたり、順調にやっている様子は伝わってきます。マウスプロモーションの事務所にもときどきふらっと顔を出しますし、ほかのところで僕と顔を合わせればちょっとした話もできるような、友好的な関係を保てています。

彼女は彼女なりの道を見つけて、上手くやったんです。自分のやりたいことを考え、やりたいことができる場所に行くのも、立派な努力の形のひとつだと思います。

安士の例から言えることはもうひとつあります。

声優にとってもっとも幸せな状態は、ぴったりと合うマネージャーと一緒に仕事ができている状態だということです。人格などもそうですが、何より、自分が望むような方向性の仕事をきちんと取ってきてくれるマネージャーと共にあることが幸せなんです。

声優本人の努力の形としては、そういうマネージャーとどうやったら出会えるのかを考え、動くことも挙げられると僕は思い

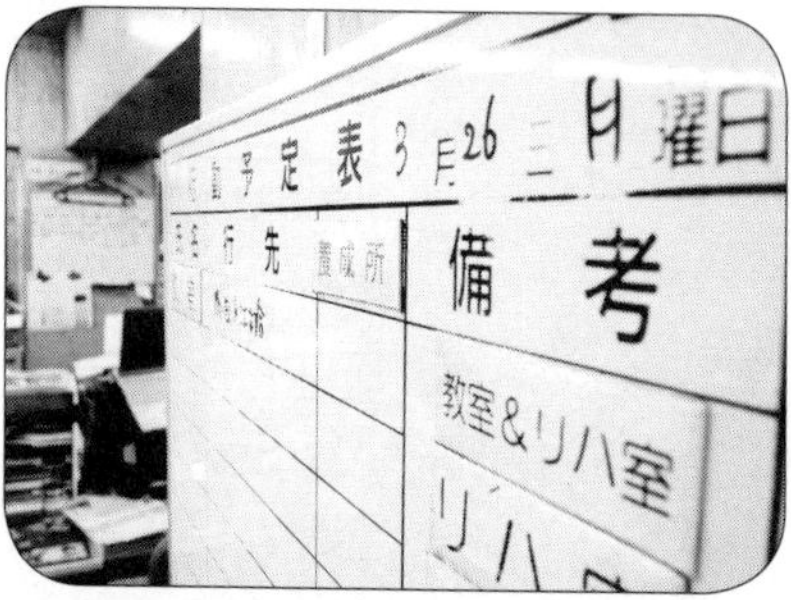

ホワイトボードを見ればその日の状況が一目でわかる。

ます。

マネージャーと声優の相性とは

もしかしたらこの本を読んでくれた声優志望の人、もしくはすでに声優になった人で、僕にマネージャーとして担当してほしいと思ってくれる人がいるかもしれません。マウスプロモーションの養成所にもときどき、「納谷さんに面倒をみてもらうにはどうすればいいんですか?」と質問をする子がいます。それは僕の手がけている声優たちが順調に仕事を増やしてくれていることのあらわれだと思うので、ありがたいことではあるのですが、ただ、真面目に考え始めると僕はいつも答えに窮《きゅう》してしまいます。

まず第一に、マウスプロモーション所属の子であれば、僕はすべての声優を見ているつもりだからです。

そして第二に、こちらの理由のほうがより大きいのですが、その人の望むことと僕が持っているものの相性の問題です。

このふたつ目の理由は、今、あまり仕事が上手く回っていない声優からいわれたときに、さらにしんどくなります。

その人が望むような仕事を増やせるだけのものを、僕が持っているのか。僕の持っているくじの種類と、その人が持っているスキルの嚙み合わせはいいのだろうか。真剣に考えなければならないからです。

わかりやすく言うと、具体的にはこういうことです。

僕はマネージャーになってから十数年かけて、アニメの仕事に繫がるようなくじは用意してきました。そういう仕事を望むのであれば、僕と組む意味はあると思います。でも外画の仕事もやってみたい、舞台の仕事も入れてみたいと考えている人のためのくじは、残念ながらあまり用意できてないんです。

つまり、組んでみたもののもし相性が悪かった場合、僕が手持ちのくじの種類を増やすか、その人がスキルを増やす、もしくは、やりたいことを変えるしかない。

でも僕がくじをいきなり増やすのは無理なんです。少なくとも、アニメの仕事と同じ水準にまで増やすには、同じくらいの年月がかかるはず。となると、僕が持っているくじに適合するように変わってもらうしかないわけですが、その前に、まわりをよく見てほしいわけです。うちの事務所のほかのマネージャーに、あなたの望むくじを持っている人がいるはずですから。ちゃんとそうした適性を見極める努力をしてほしい。

「バカなので何も考えない」は間違い

マネージャーと声優のマッチングは、ある意味で婚姻関係に近いところがあります。もしくは漫才の相方探しですね。その人に自分の一生を、ある意味で託さなければならない点では、どちらとも似ています。

しかし多くの声優志望者が、なんとなくのノリで「結婚相手」を決めているようなところがあります。

所属することが決まったあとで「マウスプロモーションにCMの仕事があまりないとは知りませんでした」と言われたことがありました。HPを少し調べれば、うちがどういう仕事を主にやっているのかはわかります。それ以外にも、いろいろなところで僕はマウスプロモーションの業務内容について語っているので、意識していれば情報は耳に入るでしょう。

未だに「マウスプロモーションは外画に強く、外画の仕事だけができると思ったので志望しました」と面接で言い出す人もいます。軽く検索するだけで、もうそういう声優事務所ではないことはわかると思うのですが……。

こういう話をする人が最終的に言い出すのは「自分はバカなので、何にも考えずに頑張ります！」という言葉です。これが本当に問題だと思います。バカは罪じゃないですが、バカだから何も考えなくていいという話にはならないんですよ。自分はバカで、ほかの人の三分の一しか考えることができないと思っているのであれば、三倍の時間をかけて考えるべきではないでしょうか。それでようやく人並みに考えたことになると言えるのでは？

頭を使いながら仕事をしている人がいくらでもいるのに、「バカだから」で思考停止してしまうのは、これもやはり職務放棄の一種といって過言ではないでしょう。

たしかに、何も考えずに適当に走って目的地に辿り着く人もいますが、極めて限られた人ですね。特に声優の仕事は、何かひとつの仕事で巨万の富を得て、それで人生あがりというタイプのものではありませんから。一つひとつ役を取り、小さな目標を繰り返し達成することで、最終的な目的地に向かっていかなければならない。そういう旅をする人が、たまたま一回くらい闇雲に走って目的地に辿り着いたからといって、そのあとも何も考えずに走って大丈夫なのか。まずダメでしょう。確率論でいえば、目的地に辿り着けることはほぼないです。

実写に比べて、声優は役の自由度が高いです。二五歳や三〇歳でも女子高生の役を演じることはできますが、それでもやはり、年齢を重ねることで演じづらくなる役はあります。やりたいことができる時間は限られているのに、余計な遠回りをしている余裕はありません。結果的に遠回りしてしまうケースはあるにせよ、意識の上では、目指すキャリアの最短距離を走ろうとするべきです。

そのためには、考えることが大事なんですよ。

僕は声優の言うことを真っ向から否定することは滅多にありませんが、唯一否定するのが、「考えるのが苦手」「考えるのが嫌い」という発想です。マネージャーは声優の隣に立つ存在であり、運命共同体ではありますが、とはいうもののやはり声優は究極的には個人事業主なんです。それはすなわち、どこかで自分自身が「株式会社自分」の社長である意識を持つ必要があるということです。

社長のやるべきことには諸説ありますが、僕が思うもっとも大切な仕事は「会社を潰さない」こと。その危機感を持って、頭を使うことができるか。「運」に任せるだけではない生き方をちゃんとできるか。この考え方が大切です。

第4章

「夢」と「目標」と「現実」

最後の章になりました。

第1章では「声優」について、第2章では「声優のマネージャー」について、いろいろと僕がこれまで生きてきた中で考え、感じてきたことを書きました。第3章ではそれを踏まえた上で「仕事」についての僕の考えを述べてきたのですが、仕事というのは「人生」の一部なんですよね。だから仕事の話を掘り下げたら、最終的には、人生についての考えへと話を広げていくべきだと僕は思っています。

というわけで、この章では僕なりの「人生論」を書くことで、この本の内容をまとめてみたいと思います。

「夢」の大切さ

いつごろからでしょうか。子どもたちに将来なりたい職業のアンケートをとると、ランキングの上位には必ず「声優」が入るようになりました（たとえばソニー生命保険株式会社が実施している「中高生が思い描く将来についての意識調査２０１７」http://www.sonylife.co.jp/company/news/29/nr_170425.html など）。最近は「YouTuber」が上位に入ることも多いのだそうで、子どもたちは本当に世の中の流れに敏感に反応するものだと感じますが、ともあれ、この両者に共通した特徴を考えると、こう言えるのではないでしょうか。「子どもたちが憧れるのは、仕事が楽しそうに見える職業なんだ」と。

事実、声優の仕事は楽しいです。繰り返し述べてきましたが、大変なことはあるけれど、今の声優は工夫次第で、自分のやりたいことはなんだってやれます。そして、そんな声優の近くで仕事をするのも楽しいです。やりたいことをやっている人には「変わり者」が多いものですが、第1章でも触れたように、やはり声優にも変わった人は多いです。そうした変わり者たちには、どこか愛らしいところがあるんですよね。付き合うことで苦労させられても、許せるような「何か」があるんです。

そんな愛すべき変わり者をマネージャーとしてサポートし、ふたりでしか目指せない高みへと歩んで行くのは、とても楽しいです。楽しいから、いくらでも声優たちを助けるために知恵を絞ることができるし、努力も、辛いことを我慢もできます。

でも、それは声優やマネージャーにとってたまたま自分が楽しく生きることのできるのが声優業界であったというだけで、これは特殊な話ではないでしょう。どんな場所であってもやりたいことをやる方法はありますし、やりたいことをやるためなら、人はがんばることができる。
だから結局、僕がこの本を通じてもっとも伝えたいことは何かといえば、自分のやりたいことをちゃんと見つけるということで、それはこう言い換えてもいいでしょう。

僕が伝えたいのは、「夢」の大切さです。

「夢」があれば人はがんばれる。逆に考えると、自分がそれを叶えるためなら全力でがんばれるような「夢」を無限に思いつけるようなものが、その人にとっていちばん大切で、好きなものなんだと僕は思います。

僕はまだまだ「声優のマネージャー」という自分の仕事に「夢」があります。
声優たちの表現力、エンターテインメントの力は本当に素晴らしいです。何かを伝える、人を楽しませるという点において、代えがたいものが声の力にはあります。そんな声優たちと一緒に何かをすることで、見たことのないものをもっと生み出したり、行ったことのない風景にたどり着くことができると強く信じています。

『COCOLORS』という挑戦

その「見たこともないもの」の最新の、ひとつの例が『COCOLORS』です。

これは神風動画（CGアニメ制作会社。主な作品に『ジョジョの奇妙な冒険』（OP映像）、『ポプテピピック』など）とマウスプロモーションがタッグを組んで一昨年から展開している、特殊なアニメ作品です。どこが変わっているのか簡単に説明すると、アニメは通常、セリフを収録して、効果音と音楽を入れたら音の作業はおしまいです。僕はそれだけだと少し物足りないなと以前から思っていたのですが、『COCOLORS』でひとつ新しい試みに挑戦することができたんです。

何をやったかというと、上映時に毎回、「生」で音を当てたんですね。声優とミュージシャンがスクリーンの前で生の演技、生の演奏を披露しながら、サイレントの映像にリアルタイムで音をつ

『COCOLORS』上映風景（提供：神風動画）。

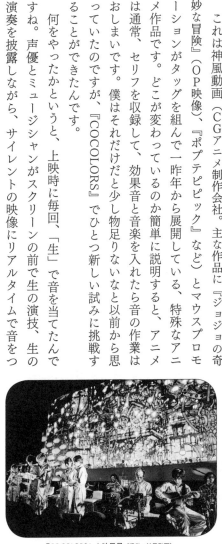

けていくんです。

このやり方を、スタッフたちのあいだで「VvsS（Voice Actor vs Silent Movie）式ライブ上映」と名付けました。

おかげ様でお客さんからの評判もいいのですが、この上映方式は、やっている僕にとっても本当に面白い体験でした。

何がそんなに面白かったかといえば、僕も一応ものを作る立場の人間なので、声優の演技をある程度、予測しながら仕事をするんです。「この声優にこんなタイプの役を演じさせたら、おそらくはこんな感じの演技を出してくれるだろう」みたいな感じですね。生で演じるとすると当然、その日の調子で若干は出来が上下するのですが、それでも大体、演技の幅は想像できると思っていました。ところが『COCOLORS』に関しては、想像を上回る演技が飛び出したんです。演じていく中で時折、一〇〇点満点で一二〇点を出してくれるような感覚がありました。

それは映像に生で演技を合わせることにくわえて、毎回一発勝負の緊張感であったり、お客さんがその場にいることであったり、生演奏の音楽があったり、ほかにもさまざまな不確定要素が合わさったことによる相乗効果によるものだったのだと思います。特に一発勝負であることは大きかったと思いますね。アニメや吹替の収録では何回でもリテイクができるので、声優はあまり一発勝負で演じることがないんです。

また、お客さんの反応を見ていて思ったのは、「音声収録の風景はお客さんにとって面白いものなんだな」ということです。僕を始め、アニメ業界の人たちにとっては音声収録というのは見慣れた風景になってしまっています。でも考えてみれば、普通の人が見たら映像に音声を合わせている風景というのは、声優はもちろん、周囲のスタッフたちの働きも含めて、技術の塊でとてつもないものなんですよね。演じている声優本人にとっても、声優という仕事の魅力を感じてもらう新しい見せ方だと感じられたようです。

だからなかなか難しいのですが、今、どうにかしてもっと長く公演する方法はないか、神風動画と模索中です。ただ続けるだけではなく、これまでやってきたものとはキャストを変えたバージョン、音楽を変えたバージョンも試してみたいとも思っていて、そのためになんとかして作品を継続させたいんですよね。『COCOLORS』を発展させるような形で別の「VvsS式ライブ上映」作品を作るのでもいいのですが、とにかく、ここに声優の仕事の新しい形があるのではないかと可能性を感じています（なお、『COCOLORS』には通常のアニメと同じように音声を収録した「上映版」もあります）。

これに限らず、声優の表現はアニメやゲーム、外画、歌やラジオやイベントといった今ある形にはおさまらない。まだまだいろいろな見せ方があるはずなんです。僕はそれをずっと考えていたいし、実際にいつも探しているわけです。その努力は楽しくてしょうがなくて、それはもう「夢」を考えているというより、もはや「妄想」に近いくらいです。

キャリアの曲がり角を迎える大勢の声優

『COCOLORS』以外にも声優の新しい見せ方を考えたいと今の僕は考えているのですが、それは「声優の可能性を信じている」からだけではありません。もうひとつ、別の理由があります。

おそらく声優業界には今後、これまで誰も経験したことのない大変な状況が訪れます。「大勢の声優がキャリアの曲がり角を迎える」という状況です。それに備えたいというのが、「別の理由」です。

氷上恭子《ひかみきょうこ》という声優がいます（代表作『デ・ジ・キャラット』ラ・ビ・アン・ローズ役など）。今の声優のように、演技だけではなく、歌やトークの仕事でも活躍する声優のはしりにあたる世代の方です。

マウスプロモーションは彼女にとても恩義があります。彼女は声優としての実力がたしかなものであったのはもちろん、歌やトークでも才能を発揮していました。僕が入社する前、すなわち本格的にアニメの仕事をマウスプロモーションが手がけるようになる前に、氷上恭子という存在が切り開いておいてくださった仕事の領域はとても広いんです。

彼女は今でも声優としてしっかり活躍されています。しかし、その実力や功績に対して、今、マウスプロモーションが十分に報いることができているかというと、僕はまったく足りていないと思っています。ご本人がどう思われているかはわかりませんけれども。

氷上さんのような素晴らしい功績と実力を兼ね備えている声優が、キャリアを積んでいく中でどのような「ドラマ」を生きるべきだったのかを、十分な形で会社として提示することができなかったのではないかと感じているからです。

具体的にいえば、氷上さんには母親役や悪役も演じられる幅の広さがちゃんとあるにもかかわらず、ヒロイン役の仕事ばかりを取ってきていた時期が少し長過ぎたんです。それは氷上さんの演じるヒロインが魅力的で、世間から望まれていたからではあるのですが、そうした仕事は請け続けつつも、もう一歩早く、彼女の芸風の広さを世の中に見せることができていたら、今よりももっと、さらに大きな活躍をされていたことでしょう。これはもうマネージャーの、ひいては所属事務所の責任です。

日本に声優の仕事が生まれてから、まだ一〇〇年も経っていません。職業として成り立つようになってから過ぎた時間は、もっと短いです。そして、声優が演じること以外にもさまざまな仕事をすることが普通の状態になってからは、さらに日が浅いです。そうした状況が生じてから初期に活躍した人たちですら、まだキャリアの終わりが見えていない状況があります。これが意味しているのは、時間が前へと進むにつれて、その先駆け的な存在であった氷上さんが迎えたものに近いキャリアの転換期を、数多くの声優が迎えるということです。

僕は少なくとも、自分が業界に入ってから手がけた声優たちには、先を見据えたマネジメントをしたいと思っています。この本で名前を挙げた五十嵐裕美にしろ、加隈亜衣にしろ、高田憂希にしろ、高野麻里佳にしろ、大野柚布子にしろ、どこかでキャリアの曲がり角に立つ瞬間がやって来ます。そのとき、彼女たち自身が「演じることを辞めたい」と言いださない限りにおいては、なんとかして彼女たちのやりたい仕事を探し続けるつもりです。

しかしどうやったら対処できるのか、先例が本当にないんです。氷上さんの世代は、まだまだそうした状況におかれる声優の数が少なかったので、個別のケースで差が大きく、参考にできるかどうか……。

声優にとっても、マネージャーにとっても初めて迎える状況をどのように受け止めるかは、僕にとっても、マウスプロモーションにとっても、そして、声優業界全体にとっても今後の大きな課題だと考えています。

新マウスビルの建設予定地。

「夢」から「目標」へ

その課題に対処するためにも、声優の仕事の新しい形を考えていく必要があると思っているのですが、僕のイメージはもう、「妄想」と呼ぶのがふさわしいくらいまで膨らんでいます。大きなことを考えないと、対応しきれないと感じているからです。

ただ、そうやって壮大に考えてみている一方で、僕はそんな妄想にも似た「夢」を着実に叶えるための「目標」も、実はしっかりと立てています。漠然とした概念ではなく、「夢」という大きなものを自分の中で分解し、ひとまず手の届きそうなものとして設定した、具体的で叶えられそうなサイズの「目標」です。

それは新しいビルを建てることです。

今、東京には劇場が足りていません。正確には、何かイベントを定期的にやれる場所が少ないんです。『COCOLORS』の継続展開ができない理由のひとつに、長期間にわたってスケジュールを押さえられる会場がないことがあります。そうした状況を解消するためには、自分たちで劇場を作ってしまうのが話が早いのではないかと考えたんです。

スケジュールの問題にとらわれず、いつでも何かの公演、上映が自由にできるような状況を作り出せたら、そこから新しい何かを生み出していくこともできるでしょう。

『COCOLORS』を上演してもいいし、声優が望めば別の舞台をやってもいいし、マウスプロモーション所属の声優たちが出演しているテレビアニメや劇場アニメの上映会をやってもいいですよね。そういうさまざまな用途に対応して、舞台や客席を可変できる劇場が入ったビルをマウスプロモーションは作ろうとしています。

この「目標」の究極形として僕が考えているのはこんな流れです。

〈とあるアニメ・声優ファンの一日〉

今日は休みだけど、特にすることがないなぁ。うーん。そうだ、ちょっと遠出をして、新宿に遊びに行ってみよっかな。映画を観てもいいし、美味しいものを食べてもいいし、ショッピングをしてもいいや。そうだ、新宿には何か声優さんがいろいろやってるビルがあるんだったっけ。行ったら、何か楽しいことをやっているかもしれない。

ここがそのビルかぁ。声優さんがいつもこんなにいろいろなことをやってるんだ。演劇、朗読劇、ミニライブ、トークイベント、アニメの上映会……今は演劇をやってるんだな。わ、おもしろそうな内容。あ、あのアニメで主役だった○○さんがメインの役で出てる！　せっかくだし、観てみよう。

……ああ、おもしろかった！　○○さんはやっぱりステキだったなあ。でも、脇役で出ていた■さんも気になっちゃった。ビルのすぐ近くにマウスショップがあるって、もらったチラシに書いてあったな。何か■さんのグッズは売ってるかな。寄ってみよう。

ドラマＣＤとブロマイドを買っちゃった。今度から電車のお供にしよう。さ、家に帰ったことだし、さっそく■さんの出てるアニメをチェックしよう。……おお、これまであんまり観なかったジャンルだけど、ちゃんと観てみるとすごくおもしろい！　うーん、Blu-rayが欲しくなってきちゃった。映像特典に■さんも出てるみた

この通りが「マウス通り」になる日も近い。

いだし……あ、マウスショップで買うと、[redacted]さんのサインが特典で付いてくる！　よーし、買おう。次の休みにマウスショップに行こう。あ、その帰りにはまたあのビルに寄って、何か観て帰ることにしよっと。ああ、次の休日が楽しみ！　〈終〉

……どうでしょうか。

こうしたお客さんが増えると、声優の活動も変わります。これまでの仕事の中では試すことができなかったいろいろな可能性を探ることができるようになりますし、そこで人気が具体的な数字となって証明されれば、声の仕事で選ばれるための付加価値になっていく可能性があります。ファンの応援によって、その声優が別の作品に出演できる可能性が少し上がるのです。

この「目標」をひとことでいえば、今、マウスプロモーションがある東新宿の一帯を、マウスプロモーションに関連したいろいろなエンターテインメントが集《つど》った「マウス通り」にしたいというアイデアです。ふらっと遊びにくれば、いつも何か面白いことが起きている場所、そこから文化が生まれていくようなスペースを作りたいんですよね。

おかげさまでマウスプロモーションは、若手からベテランまで所属声優がたくさんいます。場所さえ用意できれば、その層の厚さを活かして、常時なんらかの展開を続けることもできるんです。そんな状況にまで持っていくことができれば、「キャリアの曲がり角」問題へのひとつの対策になるでしょうし、何よりもおもしろいのではないかと考えています。

僕はそれなりに立場のある人間なので、「目標」が妙に大きなものになってしまいましたが、この本を読んでいる人は別にそんなに大きなことを考えなくてもいいんです（もちろん、考えていただいても全然構いませんが！）。ようはやや漠然とした「夢」に向かう段取りを考え、それよりは小さくて具体的な形のある「目標」を設定することが大切だという話です。だから当面の「目標」は小さくていいんです。がんばれば手が届く、一つひとつクリアしていけるようなハードルを設けておかないと、「夢」の達成には近づけないということを理解するのが大事です。

もし声優になることが「夢」なのであれば、たとえば短い時間でもいいから、毎日発声練習を続けるという「目標」を設定してみたらいいのではないでしょうか。声優として活躍している人が、世界でも活躍する声優になることを「夢」見ているなら、英語の勉強を毎日少しでいいからやることを「目標」にする。そういう積み重ねる意識を持つことが大切なんですよね。

ちなみに、僕の考えているビルを建てるために必要なお金は七億円です。実現することが絶対に不可能な金額ではありませんが、おいそれと集められるお金でもありません。我ながら絶妙な目標だと思っているのですが、さて、どうにかできないものでしょうか……。

そして「現実」を生きる

そしてさらにもうひとつ、「夢」を見て、「目標」を立てるだけではダメです。最後には絶対に「現実」について考える必要があります。

「夢」は美しいですし、「目標」も大切ですが、でもまず、明日のご飯をきちんと食べられるようにしておく必要がある。そこを守っておかないと、夢が叶った世界には辿り着けないですからね。

大きな「夢」があり、「目標」を達成するための七億円のことを考えながら、同時に僕は今月も会社や所属声優一人ひとりのシビアなお金の問題を計算しています。たとえば結婚した声優がいたら「今まで最低でも月三〇万円の稼ぎを出せば生活が回っていただろうけれども、五〇万円ぐらいにしてあげないと厳しい。そのためにはレギュラー番組をあと二本増やさなければならないけれども、そのためにはどんな営業をするべきか」などと頭をフル回転させています。「夢」や「目標」を追いかける前に、そんな「現実」がたくさん目の前にあります。

「現実」を見るというのは、要するに足元を見るということです。足元を見ていれば転ばない、転ばなければどんなに足が遅くともいつかは「目標」に到達できるんですよね。そして「目標」をずっとクリアしていけば、いつかは「夢」に辿り着けます。だから僕はいつも「夢」と「目標」と「現実」を同時に考えているんです。

ビルを建てて劇場を運営する話も、絵空事のようなことを言っているようで、その裏で週に何本くらいの公演をやって、どれくらいの客席を埋めれば収支が綺麗に収まるかを考えています。大きなことと小さなことを同時に意識することは、不可能ではありません。

その意識を、なるべく持つとよいと思います。

「平凡なサラリーマン」を遠く離れて

自分では覚えていないのですが、僕は幼稚園か小学生の頃の作文で、「将来なりたいもの」というお題に「平凡なサラリーマン」と書いたのだそうです。夢のない子供ですね。サラリーマンの方を馬鹿にしているわけではもちろんないです。「平凡な」というのがいけません。子どものくせに。

僕の父親は声優です。母も声優事務所の社長を長年勤めていました。想像するに、両親がこうした芸能の仕事をしていたことに対する反発心や、芸能という特殊な世界と自分の能力や性格面とのギャップ、それからもっと単純に、まだ見ていない世界への憧れもあって、そんなことを書いたのでしょう。

その後、成長するにつれてなりたいものはどんどん変わりました。プロ野球選手、プロゴルファー、役者……ほかにも言い出したらキリがないくらい、たくさんあります。そのうちのひとつ、システムエンジニアには実際に就職もしました。

そして今、就いているのが、「マネージャー兼音響監督兼シナリオライター兼イベント司会者兼……etc」という不思議な職業です。少なくとも「平凡なサラリーマン」からはだいぶかけ離れています。幼いころに思い描いていた未来の自分とはだいぶ違ってしまったようですが、後悔はありません。今の仕事は天職だと思っています。

さてここで質問です。この「天職」にたどり着くまでに、僕はいろいろな将来の夢を抱きました。別の仕事に就職もしました。これは遠回りだったのでしょうか？最初から父や母の影響を受け、芸能の世界に進路を決めればよかったでしょうか？

たしかに「もっと若いときからこの仕事がやれていたら」と考えることはあります。でもそれは、単純にこの仕事が好きで、長く続けたいからです。「若いときからこの仕事がやれていたら」というより「若返りたい」とか「元気で長生きしたい」みたいな感じですね。そして、もし最初からいきなり声優のマネージャーという仕事に就いていたら、こんな気持ちにはなれなかったと思います。

いろいろな経験がすべて糧になって、そして今の僕が出来上がりました。だから、「遠回り」は「遠回り」なのですが、必要なものだったと思います。

幸せな生き方をしよう

この本を手に取っている人の中には、今、仕事や人生について悩んでいる、迷っている若い人がたくさんいるのではないでしょうか。

自分のやっていることが正しいのか？ 無駄じゃないのか？ このままでいいのだろうか？

そんな疑問を持っているということは、やっていることはおそらく正しくないですし、きっと無駄ですし、このままではよくないです。でもそこから、一足飛びに人生の正解へと向かう最短距離の道へは移れません。自分自身の成長が必須です。

成長するためには、後から振り返ったとき、正しくなかった、無駄だったと感じるだろうことも、経験することが必要なんです。このままではよくないと思って、いろいろな行動を起こすと、失敗することもあるでしょう。ますます悩むこともあるでしょう。でも、そうした失敗や苦悩も含めて、全部必要なことだったと思えるときが来ます。成長することで、「遠回り」だった道が、ただの「遠回り」じゃなくなるんです。

今の若い人たちは、僕なんかよりずっと頭がいい人が多いです。目的に向かって無駄なく行動できますし、それを支える思考も論理的です。でも、その代わりにバカになることがあまりできないように感じています。

ときにはもうちょっと、バカになってもいいんじゃないでしょうか。

いっぱい無駄なことをして、いっぱい無意味に感じることもしたからこそたどりつける結論があるんです。実感を込めて言えます。僕の人生はこれまで、行き当たりばったりで無駄なことだらけでしたが、そんなに悪いものではなかったですからね。

そして今、「夢」があり、「目標」があり、「現実」がある……そうした状況に身を置けている僕は幸せです。

日々、大きな到達点へと向かっている、あと何歩で届くかはわからないけど、歩みは着実に進められている感じがしているからです。この本を手にとっていただけたみなさんにも、ぜひ、そんな手応えを感じながら生きられるようになってほしいと願っています。

ある人から以前、「マネージャーという他人に尽くすことでしか成立しない仕事をしている人が、自分自身が幸せだと思えるのはすごいですね」と言われたことがあるんです。他人に尽くすということは、自分の幸せを捨てるということだという考え方もあるのでしょう。でもマネージャーも人間ですから相性の問題はあります。どうしたって嫌な相手とは組めません。「この人となら組める！」と見込めた相手とコンビを作って、仕事をしていきます。それだけ思い入れることのできる、そして、能力的に自分には絶対に出来ないことのできる相手と一緒に仕事をするのは、楽しいことなんですよね。

こうした、仕事を通じて得られる楽しさが、もっと多くの人に伝わることを願っています。

声優業界を目指し、素敵な声優、優秀なマネージャーになっていただけたら、それはそれで喜ばしいことですが、この本が究極的に訴えたいことは、別にそういう話ではないんですね。あくまで、僕にとってはそれが楽しくて、ずっとやり続けてきたことだったから、声優業界の仕事について書いたというだけのことなんです。

本書をひとつの参考にしつつ、どんなものでもいいので、何か「好き」なものを見つけて幸せになっていただけたら、こんなにうれしいことはありません。

あとがき

おっかなびっくり聞いてみますが……この本、どうでしたか？

おもしろかったですか？　何かの参考になりましたか？

「後悔する声優をなくしたい」「マネージャーのヒントになれば」という動機で書き始めた本でしたが、最終的にはもう少し踏み込んだ、「後悔しない生き方とは何か？」という話にまで筆を進めることができました。

結論は「好きなことをやれば後悔しない」。声優やマネージャーはもちろん、そうではない仕事にもあてはまるものです。この、スタートラインから少しズレたところに着地する感じが、実に僕らしいです。

まだまだ僕の人生も続きます。これからもいろいろなことがあるでしょう。でも「自分の好きなことをやって生きる」という一点だけは、何があっても変わることはないです。

この本を読んでくれたあなたも、好きなことを見つけて、後悔しない形で生きてくれたら……こんなに嬉しいことはないです。

一〇年後、二〇年後、三〇年後……もしかしたらもっと先の、僕とこの本を読んだあなたへ。

今、何をしているの？　何を考えているの？
それは、今の僕にはわからないけど……でも。
楽しく「好きなこと」、やっているよね？
そんな君から見たら、今の僕たちは未熟で無駄なことをしているのかもしれない。だけど、今の僕も楽しく「好きなこと」をやっているよ。

いつまでも、〝今〟を楽しめる自分でいたいね！

最後に謝辞を。

まずはなんといっても、マウスプロモーション所属の声優たち。本文で触れた人も、そうでない人も、あなたたちがいてくれたおかげで今の僕があります。ひとりひとり名前を挙げられなくて申し訳ないですが、こうして本を出せたのは、みなさんのおかげです。本当にありがとう。また、多忙な中、帯コメントをくださった大塚明夫さん、加隈亜衣さんのおふたりには、重ねて感謝させてください。

マウスプロモーション、スタジオマウスのスタッフのみんなにもありがとう。これからも一緒にがんばって、声優たちを支えて行こうね。

本書の企画は、さまざまな縁が繋がって生まれたものです。その大元のきっかけとなったイベント「マチ★アソビ」の仕掛け人であり、『空の境界』を始め、さまざまな作品でお世話になっている ufotable の近藤光《こんどうひかる》さん。業種を超えた「ライバル」としていつも刺激を与えてくれる株式会社サイバーコネクトツーの松山洋《まつやまひろし》さん。本を出すなんて考えたこともなかった僕の背中を押してくれた星海社の太田克史《おおたかつし》さん、担当編集者の平林 緑萌《ひらばやしもえぎ》さん。みなさんのおかげで、こうして本を出すことができました。本当にありがとうございます。

そして……少々気恥ずかしいのですが、父・納谷《なや》六朗《ろくろう》と母・光枝《みつえ》に、ありがとう。
ふたりのおかげで、今の僕があります。

二〇一八年三月　納谷僚介

スペシャルサンクス

２０１７年10月7日、マチ★アソビ Vol.19 において開催されたイベント「納谷僚介の本読者参加型リアル打ち合わせ」にご参加いただき、本書出版に向けて背中を押してくださった皆さんに、心より感謝いたします。（敬称略、順不同）

真空管
シンヤ
トレイル
百日紅
あるべると@古森

佐都
まみ
さぼてん
りゃうーる
きざろー@人生は楽しく生きるだけ

しゅんぶり
こにしかずき
大平（min）
U-ki
かるぽん
おやびーん@荒野流転
自由落下運動体験中
森村高幸
すーぺる
Secondplot
南方重臣
トビクル☆カミィ
関良平
わさびーふ

さいち
骨月
つねシン
ぷいむーたん
星辰ガロウ
へいきん
土佐リーマン
謎の七面鳥
清川晃也
藤野亮
カシカ
トシ
吉本裕一
箕崎准

星海社新書
128

声優《せいゆう》をプロデュース。

二〇一八年 四 月二五日 第 一 刷発行

著者 納谷《なや》僚介《りょうすけ》

発行者 藤崎隆《ふじさきたかし》・太田克史《おおたかつし》
編集担当 平林《ひらばやし》 緑萌《もえぎ》
構成 前田《まえだ》久《ひさし》
構成協力 梁川利明《やながわとしあき》

発行所 株式会社星海社
〒一一二-〇〇一三
東京都文京区音羽一-一七-一四 音羽YKビル四階
電話 〇三-六九〇二-一七三〇
FAX 〇三-六九〇二-一七三一
http://www.seikaisha.co.jp/

発売元 株式会社講談社
〒一一二-八〇〇一
東京都文京区音羽二-一二-二一
（販売）〇三-五三九五-五八一七
（業務）〇三-五三九五-三六一五

印刷所 凸版印刷株式会社
製本所 株式会社国宝社

アートディレクター 吉岡秀典《よしおかひでのり》（セプテンバーカウボーイ）
デザイナー 五十嵐ユミ
フォントディレクター 紺野《こんの》慎一《しんいち》
写真撮影 庚田《かのえだ》ハルヲ
校閲 鷗来堂《おうらいどう》

ISBN978-4-06-511634-0
Printed in Japan

次世代による次世代のための

武器としての教養
星海社新書

星海社新書は、困難な時代にあっても前向きに自分の人生を切り開いていこうとする次世代の人間に向けて、ここに創刊いたします。本の力を思いきり信じて、みなさんと一緒に新しい時代の新しい価値観を創っていきたい。若い力で、世界を変えていきたいのです。

本には、その力があります。読者であるあなたが、そこから何かを読み取り、それを自らの血肉にすることができれば、一冊の本の存在によって、あなたの人生は一瞬にして変わってしまうでしょう。思考が変われば行動が変わり、行動が変われば生き方が変わります。著者をはじめ、本作りに関わる多くの人の想いがそのまま形となった、文化的遺伝子としての本には、大げさではなく、それだけの力が宿っていると思うのです。

沈下していく地盤の上で、他のみんなと一緒に身動きが取れないまま、大きな穴へと落ちていくのか？　それとも、重力に逆らって立ち上がり、前を向いて最前線で戦っていくことを選ぶのか？

星海社新書の目的は、戦うことを選んだ次世代の仲間たちに「武器としての教養」をくばることです。知的好奇心を満たすだけでなく、自らの力で未来を切り開いていくための〝武器〟としても使える知のかたちを、シリーズとしてまとめていきたいと思います。

2011年9月

星海社新書初代編集長　柿内芳文

SEIKAISHA
SHINSHO